Daniel Thym

Sollbruchstellen des deutschen, europäischen und internationalen Flüchtlingsrechts

Schriftenreihe der Juristischen Gesellschaft zu Berlin

Heft 197

Daniel Thym

Sollbruchstellen des deutschen, europäischen und internationalen Flüchtlingsrechts

Aktualisierte und erweiterte Fassung des am 20. Februar 2019 vor der Juristischen Gesellschaft zu Berlin gehaltenen Vortrages:
„Deutsches, europäisches und internationales Flüchtlingsrecht: aus der Zeit gefallen?“

DE GRUYTER

Prof. Dr. Daniel Thym LL.M.
Professor für Öffentliches Recht, Europa- und Völkerrecht und geschäftsführender Direktor des Forschungszentrums Ausländer- und Asylrecht an der Universität Konstanz.

ISBN 978-3-11-062991-0
e-ISBN (PDF) 978-3-11-063020-6
e-ISBN (EPUB) 978-3-11-063080-0

Library of Congress Control Number: 2019946470

Bibliografische Information der Deutschen Nationalbibliothek
Die Deutsche Nationalbibliothek verzeichnet diese Publikation in der Deutschen Nationalbibliografie; detaillierte bibliografische Daten sind im Internet über http://dnb.dnb.de abrufbar.

Druck und Bindung: CPI Books GmbH, Leck

MIX
Papier aus verantwortungsvollen Quellen
FSC® C083411

www.degruyter.com

Inhalt

Einleitung

Im Zentrum öffentlicher Debatten stand das Flüchtlingsrecht zuletzt häufiger. Es ging um diverse Themen wie die unterlassene deutsche Grenzschließung während der Flüchtlingskrise, die Zusammenarbeit mit Drittländern wie der Türkei oder Libyen, innerstaatliche Unterbringungsstandards, ein reformiertes Dublin-System und vieles mehr. Gemeinsam ist all diesen Themenfeldern, dass sie politische Grundsatzfragen mit rechtstechnischen Einzelheiten verbinden und hierbei eine Gesamtschau deutscher, europäischer und internationaler Rechtsregeln einfordern. Diese komplexe Gemengelage erschwert eine Standortbestimmung, die nach den strukturellen Problemlagen des Flüchtlingsrechts fragt und damit den sprichwörtlichen Wald vor lauter Bäumen sichtbar macht.

Ein derartiges Unterfangen gelingt am besten, wenn man abstrakte Fragen mit konkreten Beispielen verbindet und innerdeutsche Debatten ganz bewusst in den europäischen und internationalen Kontext einbettet. Ein solcher Blickwinkel ist sinnvoll, weil das globale Migrationsgeschehen – ganz ähnlich wie der Klimawandel – ein grenzüberschreitendes Phänomen darstellt, das nach zwischenstaatlicher Kooperation ruft. Eine solche übergreifende Perspektive verdeutlicht die Strukturdefizite des Flüchtlingsrechts, zeigt Erfolge und Defizite der jüngeren Rechtsentwicklung und ermittelt das Reformpotenzial. Hierbei zeigt sich, dass die aktuellen Schwierigkeiten auf strukturelle Sollbruchstellen verweisen, die seit Jahrzehnten immer wieder für Debatten sorgen: die Flüchtlingsdefinition, die Reiseroute und die zwischenstaatliche Kooperation.

Eine derartige Gesamtschau ergibt statt eines gleichförmigen Bildes eine asymmetrische Entwicklungstendenz wechselnder Schwerpunkte. So wurde die Flüchtlingsdefinition vor 25 Jahren heftig diskutiert, ist aktuell im europäischen Rechtsraum aber kein Strukturproblem mehr, während die Reiseroute von Asylbewerbern zum zentralen Diskussionsfeld erstarkte und die zwischenstaatliche Kooperation eigentlich noch nie gut funktionierte. Sollbruchstellen sind diese drei Themenfelder insofern, als sie von Anfang an strukturelle Schwachpunkte waren.[1] Es gab im Flüchtlingsrecht keinen imaginierten Urzustand einer vermeintlich heilen Welt. Die konkreten Problemlagen verschieben sich, doch die Sollbruchstellen bleiben bestehen. Ihre Identifikation kann dabei helfen, Reformoptionen realistisch und nüchtern abzuwägen.

1 Im Ingenieurswesen meinen Sollbruchstellen eingebaute Schwachpunkte, die bei einer Überlast ein kontrolliertes Brechen oder Verpackungen leicht zu öffnen erlauben; näher https://de.wikipedia.org/wiki/Sollbruchstelle; entgegen dieser technischen Verwendung wird der Terminus hier negativ konnotiert im Sinn von Strukturdefiziten verwandt.

https://doi.org/10.1515/9783110630206-001

I Mythos der perfekten Flüchtlingskonvention

Häufig wird gesagt, dass die Genfer Flüchtlingskonvention die Magna Carta des Flüchtlingsrechts sei – eine emphatische Formulierung, die auf den ersten stellvertretenden Flüchtlingshochkommissar zurückgeht.[2] Diese Einstufung stimmt in vielerlei Hinsicht und fördert doch die Fehlvorstellung, dass alle Probleme gelöst wären, wenn die GFK von den Staaten nur streng befolgt würde. Eine solche Analyse wäre jedoch zu einfach, weil die Konvention schon immer lückenhaft war. Die beschwörende Formel von der „Magna Carta" verleiht ihr einen gleichsam mythischen Status scheinbarer Perfektion,[3] der darüber hinweg täuscht, dass von Anfang an Schwachpunkte bestanden, die bis heute in modifizierter Form fortbestehen und denen der vorliegende Text als Sollbruchstellen des Flüchtlingsrechts nachspürt. Sie werden sichtbar, wenn man die Konvention in den historischen Kontext ihrer Entstehungszeit einordnet, anstatt diese als Gründungsdokument mythisch zu überhöhen.

1 Fehlender globalpolitischer Konsens

Die eingebauten Problemlagen versteht man am besten, wenn man sich daran erinnert, dass die Konvention anfangs unter einem doppelten territorialen und zeitlichen Vorbehalt stand: Sie galt vorrangig für Flüchtlinge aus Europa, die bereits in einem anderen Land lebten. Eine Blankovollmacht für einen geographisch und zeitlich schrankenlosen Flüchtlingsschutz erteilten die Vertragsstaaten mit der Unterzeichnung nicht.[4] Dies galt vor allem für die Länder des globalen Südens, die damals größtenteils noch unter europäischer Kolonialherrschaft standen. Mit der GFK übernahmen die westlichen Länder nicht etwa eine direkte Verantwortung für die Millionen von Flüchtlingen, die es nach dem Rückzug der britischen Kolonialmacht auf dem indischen Subkontinent gab.[5] Ursprünglich

---

2 Siehe *James M. Read* Magna Carta for Refugees (UN Department of Public Information, 1951).

3 Instruktiv zu Gründungsmythen *Hans Vorländer* Eine Einführung in systematischer Absicht, in: ders. (Hrsg.): Transzendenz und die Konstitution von Ordnungen (De Gruyter, 2013) S. 1–42.

4 Rechtlich ergab sich die zeitliche Begrenzung auf eine Flucht aufgrund von Ereignissen vor dem 1.1.1951 aus Art. 1 A Abs. 2 UAbs. 1 des Abkommens über die Rechtsstellung von Flüchtlingen vom 28.7.1951 (BGBl. 1953 II 559), für Deutschland in Kraft seit 22.4.1954 (BGBl. 1954 II 616); nachfolgend „GFK" oder „(Flüchtlings-)Konvention"; zur geographischen Reichweite bestand eine Wahloption nach Art. 1B Abs. 1 GFK.

5 Nach der indischen Teilung gab es mehrere Millionen Flüchtlinge und Binnenvertriebene; anders als für Palästinenser wurde für Inder und Pakistanis kein Sonderprogramm nach dem

https://doi.org/10.1515/9783110630206-002

war die Konvention eine pragmatische Antwort auf eine konkrete Herausforderung: Vertriebene in Europa nach dem Zweiten Weltkrieg, nachdem sich herausgestellt hatte, dass einige nicht in die Heimat zurückkehren würden.[6]

Dies änderte sich erst im Jahr 1967, als die Genfer Flüchtlingskonvention mit dem New Yorker Protokoll universalisiert wurde.[7] Nun zeigen jedoch historische Studien, dass diese Ausweitung keinem flüchtlingspolitischen Gesamtplan entsprang, sondern die vom Westen geprägte Nachkriegsordnung nach der Dekolonialisierung zu festigen bezweckte, um einem postkolonialen Gegenvölkerrecht des globalen Südens vorzubeugen.[8] Allerdings beließ man es bei einer formalen Universalisierung der Flüchtlingskonvention und reformierte nicht deren Grundkategorien, obgleich diese schon damals als unzureichend erschienen. Bewusst erweiterte das New Yorker Protokoll nicht die enge Flüchtlingsdefinition für politische Verfolgung, obgleich bekannt war, dass diese nicht ausreichte, um den Massenfluchtbewegungen in Afrika oder Asien zu begegnen, wie sie etwa der Biafra-Krieg in Nigeria verursachte.[9] Bürgerkriegsflüchtlinge und Binnenvertriebene unterstellte man weiterhin nicht der GFK.[10]

Modell der United Nations Relief and Works Agency for Palestine Refugees in the Near East (UNRWA) gegründet, die bis heute über fünf Millionen Palästinenser versorgt; siehe auch zur GFK-Verhandlung *James C. Hathaway* A Reconsideration of the Underlying Premise of Refugee Law, Harvard International Law Journal 31 (1990) 129 (151–156).

6 Anfangs stand die Rückkehr im Zentrum der Politik für die 6–7 Mio. *displaced persons*, später übernahm die GFK die „last million" in die Aufenthaltsländer; vgl. die historische Studie von *Gerard Daniel Cohen* In War's Wake. Europe's Displaced Persons in the Postwar Order (OUP, 2011) Kap. 1 f.; und *Emma Haddad* The Refugee in International Society. Between Sovereigns (CUP, 2008) Kap. 6.

7 Das Protokoll vom 31.1.1967 (BGBl. 1969 II 1293), für Deutschland in Kraft seit 5.11.1969 (BGBl. 1970 II 194) beseitigte die doppelte territoriale und geographische Beschränkung; letztere besteht optional nur für Staaten – wie die Türkei oder den Kongo – fort, die bereits die GFK von 1951 nur auf Europäer angewandt hatten; vgl. Art. 1 Abs. 3 ebd.

8 Damals forderten ehemalige Kolonien, die bestehenden Verträge durch eine neue Weltordnung zu überlagern; dementgegen perpetuierte das New Yorker Protokoll für den Flüchtlingsschutz den Status quo ante, anstatt nach dem Modell der späteren OAU Convention Governing the Specific Aspects of Refugee Problems vom 10.9.1968, in Kraft seit 20.6.1964 (UNTS Vol. 1001, I-14691; nachfolgend „Kampala-Konvention") modifizierte Regeln niederzulegen; näher *Sara E. Davies* Redundant or Essential? How Politics Shaped the Outcome of the 1967 Protocol, International Journal of Refugee Law 19 (2007) 703 (715–726).

9 Anders Art. 1 Abs. 2 der innerafrikanischen Kampala-Konvention, ebd.

10 Binnenvertriebene fielen als innerstaatliche Angelegenheit grundsätzlich in die souveräne Entscheidungsfreiheit der Heimatstaaten und werden von den Vereinten Nationen offiziell erst 1993 thematisiert, als die staatliche Souveränität nach dem Ende des Ost-West-Konfliktes allgemein an konzeptueller Kraft einbüßte.

Das internationale Flüchtlingsrecht kennzeichnete mithin von Anfang an eine Schieflage. Der Westen empfing Flüchtlinge aus dem kommunistischen Osteuropa mit offenen Armen (und zwar unabhängig davon, ob sie von der engen Flüchtlingsdefinition umfasst waren oder nicht[11]). Das Flüchtlingsrecht diente dem Westen im Kalten Krieg insofern als symbolisches Instrument, um ein Bild zu zeichnen, das den liberalen Verfassungsstaat über die kommunistische Diktatur triumphieren ließ.[12]

Um Flüchtlinge in Afrika oder Asien kümmerte sich der Westen dagegen nur indirekt. Jahrzehntelang stützten die Industriestaaten mittels finanzieller Zuwendungen und wiederholter Mandatsausweitungen das Flüchtlingshochkommissariat UNHCR als humanitäre Hilfsorganisation, um schutzbedürftige Personen in ihren Heimatregionen dagegen zu versorgen.[13] Armut und logistische Hürden verhinderten, dass Migranten im größeren Umfang aus dem globalen Süden in die reichen Länder Europas oder nach Nordamerika kamen.

Nur in wenigen Fällen übernahm der Westen eine aktive Verantwortung für Flüchtlinge aus dem globalen Süden im Wege des Resettlements, also der Umsiedlung. Das bekannteste Beispiel sind Bootsflüchtlinge aus Indochina, die in der Bundesrepublik Kapitän Robert Neudeck und sein Schiff, die Cap Anamur, bekannt machte. Politiker aller Parteien begrüßten im Dezember 1978 die ersten vietnamesischen Kontingentflüchtlinge in Hannover[14] – und signalisierten damit

11 Damals entsprachen keineswegs alle Flüchtlinge dem Idealbild des politischen Oppositionellen und es bekamen auch nicht alle einen Schutzstatus, den man vor dem New Yorker Protokoll beim Ungarn-Aufstand 1956 teilweise der GFK entnahm, indem man die zeitliche Beschränkung unter Verweis auf die kommunistische Machtergreifung 1948 als eigentliche Ursache umging; die deutschen Innenminister beschlossen 1966, auch abgelehnte Asylbewerber nicht nach Osteuropa zurückzuführen; näher *Patrice G. Poutrus* Zuflucht im Nachkriegsdeutschland, Geschichte und Gesellschaft 35 (2009) 135 (165–167).

12 Allgemein zum Leitbild des Antikommunismus siehe *Nevzat Soguk* States and Strangers. Refugees and Displacements of Statecraft (Minnesota UP, 1999); *Haddad* (Fn. 6) Kap. 6; und *Hathaway* (Fn. 5) S. 144–150.

13 Zur Ausweitung des UNHCR-Mandats auf „persons of concern", die die enge Flüchtlingsdefinition nicht erfüllen, siehe *Alexander Betts/Gil Loescher/James Milner* UNHCR. The Politics and Practice of Refugee Protection, 2. Aufl. (Routledge, 2012) Kap. 2; *Davies* (Fn. 8) S. 715–718; und *Hathaway* (Fn. 5) S. 157–162.

14 Die politische Pilotfunktion übernahm der niedersächsische Ministerpräsident Ernst Albrecht (CCU); zum Hintergrund *Gabriele Venzky* Rettung aus der Hölle von Pulau Bidong, Die Zeit vom 13.8.2009; zur Rechtslage der „Kontingentflüchtlinge" siehe *Ralph Göbel-Zimmermann* Gruppenbezogene Schutzkonzepte zur Bewältigung von Massenfluchtphänomenen und zur Schließung von Schutzlücken für Flüchtlinge, in: Klaus Barwig u. a. (Hrsg.): Neue Regierung – neue Ausländerpolitik? (Nomos, 1999) S. 473 (478–487).

der Weltgemeinschaft und der eigenen Bevölkerung, dass die westlichen Demokratien dem Kommunismus überlegen seien.

2 Drei Sollbruchstellen des Flüchtlingsrechts

Um Missverständnissen vorzubeugen: Ich behaupte nicht, dass die Genfer Flüchtlingskonvention irrelevant sei. Sie normiert bedeutsame Rechtspflichten, die sogleich ausführlicher behandelt werden. Die historische Rückschau verfolgte ein anderes Ziel, nämlich zu verdeutlichen, dass die Flüchtlingskonvention keine Blaupause bereitstellt, wie die internationale Gemeinschaft auf interkontinentale Fluchtbewegungen reagieren solle. Es bestand nie ein universeller Konsens, wie eine Antwort auszusehen habe oder dass ein Schutz in Europa die Lösung sei. Die Konvention verpflichtet die Staaten, Flüchtlinge zu schützen, lässt es aber offen *wie* und *wo* diese Rechtspflichten zu erfüllen sind. Die aktuellen Problemlagen beruhen nicht allein auf einem fehlenden politischen Willen, die bestehenden Rechtsregeln konsequent anzuwenden, sondern aktualisieren Strukturdefizite, die das Flüchtlingsrecht schon immer kennzeichneten und die in der Gegenwart in modifizierter Form erneut virulent werden.

In der historischen Rückschau wurden bereits diejenigen Strukturdefizite identifiziert, die die weiteren Ausführungen anleiten. Es bestehen mindestens drei Sollbruchstellen, die im Flüchtlingsrecht von Anfang an angelegt waren und sich bis heute immer wieder in verschiedenen Ausprägungen zeigen.[15] Erstens die historisch enge Flüchtlingsdefinition, die auf politische Verfolgung ausgerichtet war und die größeren Personenwanderungen etwa infolge von Bürgerkriegen nicht nur im globalen Süden nicht abzubilden vermochte. Zweitens die fehlenden Vorgaben zur Reiseroute von Asylbewerbern, wenn diese sich, anders als diejenigen, für die die Flüchtlingskonvention ursprünglich geschaffen worden war,

15 Vergleichbar die Gesamtdarstellungen von *Christian Walter*, Zwischen individuellem Menschenrechtsschutz und legitimer Migrationssteuerung, in: ders./Martin Burgi (Hrsg.): Die Flüchtlingspolitik, der Staat und das Recht (Mohr Siebeck, 2017) S. 7 (9–27); *Erika Feller* Asylum, Migration and Refugee Protection. Realities, Myths and the Promise of Things to Come, International Journal of Refugee Law 18 (2006), 509 (515–536); *Kay Hailbronner* Die Genfer Flüchtlingskonvention vor den Herausforderungen des 21. Jahrhunderts, in: ders./Eckhart Klein (Hrsg.): Flüchtlinge – Menschenrechte – Staatsangehörigkeit (C.F. Müller, 2002) S. 51–70; und *Joan Fitzpatrick* Is the 1951 Convention Relating to the Status of Refugees Obsolete?, in: Kay Hailbronner/David A. Martin/Hiroshi Motomura (Hrsg.): Immigration Admissions (Berghahn Books, 1997) S. 205–226.

nicht schon im Zielstaat aufhielten. Drittens die Leerstelle der internationalen Zusammenarbeit, die sich vor allem bei größeren Fluchtbewegungen zeigt.

Diese drei Sollbruchstellen werden nachfolgend thematisiert, indem abstrakte Ausführungen mit konkreten Beispielen verbunden werden, die aufzeigen, dass sich die Strukturdefizite kontextabhängig fortentwickeln. Die Rechtsentwicklung kennzeichnet hierbei eine Asymmetrie, die anstelle einer linearen Fortschritts- oder Verfallsgeschichte eine unregelmäßige Abfolge von Erfolgen und Defiziten zeitigt. Hierbei verschwimmen das nationale, europäische und internationale Flüchtlingsrecht zu einer komplexen Gemengelage, ohne dass einer Ebene ein problemlösungsorientierter Vorrang zukäme, weil sie generell besser auf die Sollbruchstellen reagierte. Das Gesamtbild bleibt eine verschlungene Collage von ebenenübergreifenden Erfolgen und Defiziten, die verdeutlichen, warum das Flüchtlingsrecht dauerhaft als politische Gestaltungsaufgabe anzunehmen ist, deren Balance entlang der Sollbruchstellen prekär bleiben wird. Gefragt ist eine nüchterne Politik, die Werte und Interessen verbindet.

II Flüchtlingsdefinition

Aus der deutschen Perspektive des Jahres 2019 stellt die Flüchtlingsdefinition die unproblematischste Sollbruchstelle dar. Allerdings gilt das nur für den historischen Jetztzustand der europäischen Asylrechtsharmonisierung, soweit man auf einem mittleren Abstraktionsniveau gleichsam wie ein Vogel über all den Schwierigkeiten schwebt, die die alltägliche Praxis des Bundesamts, der Anwaltschaft und der Verwaltungsgerichte prägen. Ich behaupte nicht, dass man einfach bestimmen könne, ob etwa dem Angehörigen einer spezifischen Volksgruppe aus einer afghanischen Provinz subsidiärer Schutz oder ein nationales Abschiebungsverbot zuzusprechen sei.[16] Es bleibt notorisch schwer, die verschiedenen Schutzstatus voneinander abzugrenzen und konkrete Situationen nach dem materiellen Asylrecht zu beurteilen.

1 Erweiterter Schutzstatus der Gegenwart

Bei einer systemischen Gesamtschau, wie sie der vorliegende Beitrag verfolgt, sind einzelfallbezogene Abgrenzungs- und Subsumtionsprobleme freilich sekundär. Maßgeblich ist vielmehr, dass heutzutage ein umfassendes Tableau an Schutzmöglichkeiten besteht, die für Behörden, Gerichte und Anwaltschaft in der Praxis schwer abzugrenzen und anzuwenden sein mögen, in der Summe aber dennoch diejenigen Lücken füllen, die die Vertragsstaaten bewusst offengelassen hatten, als sie die Flüchtlingskonvention 1967 universalisierten. Bürgerkriegsflüchtlinge erhalten heute regelmäßig einen subsidiären Schutz und bei sonstigen Gefahren können die nationalen Abschiebungsverbote greifen.[17] Diese neuen Schutzoptionen ergänzen die großzügige Lesart der Genfer Flüchtlingskonventi-

16 Man wird das Flüchtlingsrecht nie mit quasi-mathematischer Präzision anwenden können, weil die Statusabgrenzung und die Subsumtion von den Umständen des Einzelfalls abhängt; mittelbar bestätigt dies die hohe Erfolgsquote der zahlreichen Asylklagen gemäß der Antwort der Bundesregierung auf die Kleine Anfrage der Fraktion Die Linke: Ergänzende Informationen zur Asylstatistik für das Jahr 2017, BT-Drs. 19/1371 v. 22.3.2018, S. 35–52.

17 Während der subsidiäre Schutz durch Art. 15 Qualifikationsrichtlinie 2011/95/EU (ABl. 2011 L 337/9) europäisch harmonisiert ist, bestehen für nationale Abschiebungsverbote als „komplementärem Schutz" divergente nationale Praktiken; instruktiv *Julia Schieber*, Komplementärer Schutz (Nomos, 2013); zur früheren Vielfalt Daphné Bouteillet-Paquet (Hrsg.): Subsidiary Protection of Refugees in the European Union (Bruylant, 2002).

https://doi.org/10.1515/9783110630206-003

on, die infolge der europäischen Rechtsharmonisierung nunmehr auch vor geschlechtsspezifischen oder nichtstaatlichen Verfolgungen schützt.[18]

Im historischen Längsschnitt besteht im Europa der Gegenwart eine vergleichsweise umfassende Schutzgarantie, die auch im globalen Querschnitt als großzügig gelten darf. Von einem Fokus auf politische Verfolgung und klassische Oppositionelle kann keine Rede mehr sein. Zahlreiche andere Staaten legen die Flüchtlingskonvention bis heute enger aus und haben keine oder strengere Schutzformen für sonstige Personen.[19] Speziell für die Bundesrepublik wirkte die Europäisierung als Umschlagpunkt, der die zuvor restriktive Asylpraxis nachhaltig liberalisierte,[20] während heutzutage viele andere Länder rechtlich und faktisch ein geringeres Schutzniveau bieten.[21] Angesichts des umfassenden Schutztableaus lassen sich heute bei einer abstrakt-generellen Betrachtung kaum Schutzlücken ausmachen. Man müsste schon die Grundstrukturen des geltenden Asylrechts umbauen, wenn man wirtschaftliche Gründe[22] oder die allgemeine Kategorie des Klimawandels[23] als neue Asylgründe anerkennen wollte.[24] Deutschland und Europa bieten großzügige Schutzstandards.

---

18 Siehe § 60 Abs. 1 S. 2f. AufenthG idF des Zuwanderungsgesetzes v. 30.7.2004 (BGBl. 2004 I 1950) in Umsetzung der Erstfassung der EU-Qualifikationsrichtlinie 2004/83/EG (ABl. 2004 L 304/12); siehe auch *Nora Markard* Kriegsflüchtlinge (Mohr Siebeck, 2012).

19 Siehe *Hemme Battjes* Subsidiary Protection and Other Alternative Forms of Protection, in: Vincent Chetail/Céline Baulez (Hrsg.): Research Handbook on International Law and Migration (Elgar, 2014), S. 541 (544–547); und Hélène Lambert/Jane McAdam/Maryellen Fullerton (Hrsg.): The Global Reach of European Refugee Law (CUP, 2013).

20 So hatte das House of Lords zuvor geurteilt, dass eine Dublin-Überstellung nach Deutschland rechtswidrig sein kann, weil dort die nichtstaatliche Verfolgung nicht anerkannt war; vgl. *Elspeth Guild* Seeking Asylum. Storm Clouds between International Commitments and EU Legislative Measures, EL Rev. 29 (2004) 198 (206–209).

21 Dies gilt nicht vorrangig für die Schutzquoten, sondern für die Rechtsstellung und die tatsächliche Behandlung im Asylverfahren oder nach einer Anerkennung; heutzutage werden Dublin-Überstellungen *aus* Deutschland in andere Länder angegriffen und nicht solche *nach* Deutschland; auch beim komplementären Schutz mittels nationaler Abschiebungsverbote ist die Bundesrepublik vergleichsweise großzügig.

22 Siehe aber *Michelle Foster* International Refugee Law and Socio-Economic Rights. Refuge from Deprivation (CUP, 2007).

23 Näher *Britte Nümann* Umweltflüchtlinge? Umweltbedingte Personenbewegungen im Internationalen Flüchtlingsrecht (Nomos, 2014).

24 Allerdings könnte man die bestehenden GFK-Kriterien armuts- oder klimasensibel ausgestalten, wobei Einzelheiten umstritten bleiben; siehe *Kate Jastram* Economic Harm as a Basis for Refugee Status and the Application of Human Rights Law to the Interpretation of Economic Persecution, in: James C. Simeon (Hrsg.): Critical issues in international refugee law (CUP, 2010), S. 143–173; und *Nora Markard* Ein neues Schutzkonzept? Der Einfluss der Menschenrechte auf den internationalen Schutz, ZAR 2015, 56 (57–60).

Ein Blick in die deutsche Asylgeschäftsstatistik bestätigt diesen Befund, weil im Jahr 2018 ziemlich genau jeder zweite Asylantrag erfolgreich war, wenn man sonstige Verfahrenserledigungen ignoriert. Von den positiven Bescheiden resultierten etwas mehr als die Hälfte in einem Flüchtlingsstatus nach der GFK oder dem GG, ein Drittel in subsidiärem Schutz und beim Rest wurde ein Abschiebungsverbot nach nationalem Recht festgestellt.[25] Vor 25 Jahren war das noch gänzlich anders. Mitte der 1990er Jahre wurden die allermeisten Asylanträge abgelehnt und dennoch durften viele Personen als de facto-Flüchtlinge mit einer Duldung bleiben, weil eine Abschiebung rechtlich verboten war.[26] Asylentscheid und Bleiberecht fielen damals auseinander.

Das änderte sich grundlegend. Wer heute geduldet wird, bei dem stehen die Menschenrechte der Ausreise oder Abschiebung in aller Regel nicht entgegen. Soweit die öffentliche Debatte von einer „Abschiebung von Flüchtlingen" spricht, bezieht sich diese Diskussion, abgesehen vom Sonderfall der Dublin-Rückführungen,[27] gerade nicht auf Flüchtlinge im Rechtssinn, deren Asylantrag erfolgversprechend war, sondern auf Personen, denen im Herkunftsland keine asylrelevante Verfolgung oder menschenrechtsrelevante Gefahren drohen. Die Duldung leistet heute keinen verkappten Flüchtlingsschutz mehr, auch wenn dies in der öffentlichen Diskussion häufig anders präsentiert. Damit ist nicht gesagt, dass die Abschiebung bei abgelehnten Asylbewerbern notwendig die einzige legitime Lösung darstellt. Auch dann, wenn man diese nicht mit drohender Verfolgung begründet, kann man Nichtflüchtlingen, die die Ausreisepflicht missachten, aus humanitären oder integrationspolitischen Gründen ein Bleiberecht gewähren.[28]

---

25 Näher BAMF, Asylgeschäftsstatistik (01–12/18) 23.1.2019.

26 Diese betraf insb. GFK-Flüchtlinge und menschenrechtliche Gründe nach § 51 Abs. 1, § 53 AufenthG idF AuslG v. 9.7.1990 (BGBl. 1990 I 1354); insg. erhielten zwischen 1990 und 2003 ca. 230 Tausend Personen einen positiven Asylentscheid einschl. der soeben genannten Gründe, während 1,8 Millionen Anträge (ca. 89 %) abgelehnt wurden und weitere 760 Tausend Verfahren sich erledigten; vgl. Bundesministerium des Innern u. a., Migrationsbericht 2003, S. 38; die Auslegung der GFK und der Menschenrechte war damals noch deutlich strenger als heute; zur Einordnung *Kay Hailbronner* Der Flüchtlingsbegriff der Genfer Flüchtlingskonvention und die Rechtsstellung von De-facto-Flüchtlingen, ZAR 1993, 3–11; und *Ralf Rothkegel* De-facto-Flüchtlinge, ZAR 1988, 99–107.

27 Wenn das BAMF einen Asylantrag nach § 29 AsylG als unzulässig ablehnt, muss es das Asylverfahren dennoch übernehmen und damit in der Sache entscheiden, wenn der zuständige EU-Staat eine Person nicht binnen regelmäßig sechs Monaten übernimmt; vgl. Art. 29 Abs. 2 Dublin-III-VO (EU) Nr. 604/2013 (ABl. 2013 L 180/47), der nach EuGH, *Shiri*, C-201/16, EU:C:2017:805, Rn. 35 individualschützenden Charakter hat.

28 Derartige Legalisierungsmöglichkeiten gibt es in § 18a, § 23a, § 25 Abs. 4 S. 2, § 25 Abs. 5, §§ 25a/b, § 60a Abs. 2 S. 4–11, §§ 104a/b AufenthG seit Jahren und sie beschränken sich nicht auf öffentlich prominent diskutierte Konstellationen wie die sog. „Beschäftigungs- und Ausbil-

Hinzu kommen die bereits erwähnten Unwägbarkeiten, wenn die Behörden, Gerichte und die Anwaltschaft sich schwertun, die unterschiedlichen Schutzstatus abzugrenzen und einzelfallbezogen anzuwenden. Neben den immanenten Schwierigkeiten eines Asylrechts, das die individuelle Situation eines jeden Antragstellenden bewertet, liegt dies auch daran, dass die deutsche und europäische Gerichtsarchitektur in Tatsachenfragen nicht immer kohärente Vorgaben tätigt. Es fehlt für Deutschland[29] und Europa[30] eine gerichtliche Instanz, die den Eingangsgerichten wegweisende Strukturfragen zur Tatsachenbeurteilung, etwa in Bezug auf Afghanistan, abnimmt und damit die aktuelle Lotterie eines vorrangig erstinstanzlichen Asylrechtsschutzes beendet. Die Politik wäre gut beraten, durch ein reformiertes Rechtsmittelrecht endlich für mehr Kohärenz zu sorgen.[31]

2 Überlagerung der GFK durch die Menschenrechte

Mein Fazit zum ersten Strukturdefizit lautet, dass die ausgeweiteten Schutzformen des nationalen und europäischen Asylrechts eine offene Flanke schließen. Diese Entwicklung ist für sich genommen bemerkenswert, weil sich damit viele Diskussionspunkte erübrigen, die noch in den 1990er und frühen 2000er Jahren die Asyldebatte dominierten. Inhaltlich gründen die erweiterten Schutzstandards auf der EU-Qualifikationsrichtlinie,[32] die menschenrechtliche Abschiebungsverbote nach der EGMR-Judikatur in formalisierte Schutztitel überführte.[33] Es ist dies ein

---

dungsduldung"; für Einzelheiten siehe SVR, ‚Spurwechsel' aus der Asyl- in die Erwerbsmigration. Chancen und Risiken, Positionspapier vom 19.7.2017, http://www.svr-migration.de.

29 Näher *Klaus F. Gärditz* Das Sonderverwaltungsprozessrecht des Asylverfahrens, in: Peter Baumeister u.a. (Hrsg.): Staat, Verwaltung und Rechtsschutz. Festschrift für Wolf-Rüdiger Schenke (Duncker & Humblot, 2011) S. 689–707; und *Uwe Berlit* Reformbedarf im Asylprozessrecht, DVBl. 2015, 657–661.

30 Der EuGH kann schnell befasst werden, entscheidet jedoch nur Rechtsfragen und das Verfahrensrecht ist nicht darauf ausgelegt, Tatsachen zu beurteilen; anders ist dies beim EGMR, der jedoch nur punktuell und mit großer zeitlicher Verzögerung entscheidet; näher *Hugo Storey* Briefing Note for Participants, IJRL 25 (2013) 328–348; und *Sir Nicholas Blake* Luxembourg, Strasbourg and the National Court, IJRL 25 (2013) 349–372.

31 Instruktiv die Vorschläge von *Uwe Berlit/Harald Dörig*, Asylverfahren verbessern durch eine Tatsachenbewertungskompetenz des Bundesverwaltungsgerichts im Rahmen länderbezogener Leitentscheidungen, NVwZ 2017, 1481–1483; zur Einordnung *Katharina Reiling/Lukas Mitsch*, Wissen im Asylprozess, Die Verwaltung 50 (2017) 537–569.

32 Hierzu bereits Fn. 17 f.

33 Generell normiert der EGMR nur Abschiebungsverbote und tätigt keine Vorgaben zum Arbeitsmarkt- oder Sozialleistungszugang nach dem Modell der Art. 20 ff. RL 2011/95/EU (Fn. 17);

allgemeines Muster: Für das Asylrecht sind heute die Menschenrechte und das Unionsrecht sehr viel wichtiger als die Flüchtlingskonvention.[34]

Diese menschenrechtliche Überlagerung ist zugleich ein Grund, warum die im Kontext der jüngsten Flüchtlingskrise reaktivierte Forderung materiellrechtlich ins Leere liefe, das individualisierte Asylgrundrecht zurückzubauen, indem man Rechtsansprüche abschafft.[35] Im Kern wirkt damit ein Argumentationsmuster fort, das im Vorfeld des deutschen Asylkompromisses von 1993 den damals noch unbeschränkten Artikel 16a GG durch eine objektive Garantie ersetzen wollte.[36] Aktuell wäre ein solches Vorgehen nicht nur faktisch durch die europäische Rechtsharmonisierung erschwert, weil der Verfahrenszugang auf EU-Ebene gewährleistet wird, sodass nur der EU-Gesetzgeber den individuellen Verfahrensanspruch abschaffen könnte.[37] Vor allem würden die Verfechter einer solchen These die selbstgesetzten Ziele verfehlen, solange sie nicht parallel die menschenrechtlichen Abschiebungsverbote beseitigten,[38] die im Zweifel das BVerfG durch seine Judikatur änderungsfest vorgäbe.[39] Die deutsche Asylpraxis würde durch ein amputiertes Asylrecht in die frühen 1990er Jahre zurückversetzt, als die

---

zum konventionsrechtlichen Hintergrund *Daniel Thym* Humanitäres Bleiberecht zum Schutz des Privatlebens? InfAuslR 2007, 133 (137 f.).

34 Anschaulich *Vincent Chetail* Are Refugee Rights Human Rights? An Unorthodox Questioning of the Relations between Refugee Law and Human Rights Law, in: Ruth Rubio-Marín (Hrsg.): Human Rights and Immigration (OUP, 2014) S. 19 – 72.

35 Rechtsdogmatisch war die Debatte teilweise konfus, weil im medial-öffentlichen Diskurs teilweise das deutsche Asylgrundrecht als zentrale Stellschraube betrachtet wurde, nicht jedoch die vorrangigen EU-Rechtsakte; exemplarisch *Rudolf Scholz* Interview, Bild am Sonntag v. 19.8. 2018; fundierter *Ferdinand Weber*, Staatsangehörigkeit und Status (Mohr Siebeck, 2018), S. 475 ff.; und *Kay Hailbronner* Asyl in Europa – wenn, wie, wann, wo?, FAZ vom 12.10.2015, S. 6.

36 So etwa die bayerische Staatsregierung gemäß BR-Drs. 175/90 v. 1.3.1990; aus der jüngeren Diskussion *Kay Hailbronner* Das Grundrecht auf Asyl, ZAR 2009, 369 – 376.

37 Vgl. Art. 6 ff. Verfahrens-Richtlinie 2013/32/EU (ABl. 2013 L 180/60), wobei unklar bleibt, ob der offen formulierte Art. 18 GRCh dies erzwingt; vgl. Wissenschaftlicher Dienst des Deutschen Bundestags, Obergrenzen für Asylsuchende und Bürgerkriegsflüchtlinge im Lichte des EU-Rechts, PE 6 – 3000 – 153/15 v. 16.12.2015, S. 17 f.; sowie die widerstreitenden Andeutungen bei EuGH, *Slowakei & Ungarn/Rat*, C-643/15 & C-647/15, EU:C:2017:631, Rn. 340 – 343; und EuGH, *Ibrahim* u. a., C-297/17 u. a., EU:C:2019:219, Rn. 99; restriktiv österr. VfGH, Erkenntnis v. 6.3.2013, U 1325/ 2012.

38 Dies erforderte eine Kündigung der EGMR oder jedenfalls eine dynamische Auslegung derselben, die frühere Ausweitungen zurücknimmt.

39 Das BVerfG dürfte in eventuelle Lücken springen, die der EGMR lässt, weil Karlsruhe die Menschenwürde ähnlich auslegt wie Art. 3 EMRK; vgl. BVerfGE 140, 317 (347, Rn. 62); und BVerfG, Beschl. v. 18.12.2017, 2 BvR 2259/17; der Bedeutungsverlust des BVerfG im Asylrecht infolge der Europäisierung endete, wenn die EU- bzw. EMRK-Vorgaben beseitigt würden; siehe auch *Bernd Strieder* Was wird aus Artikel 16a GG? InfAuslR 2015, 451 (453 f.).

meisten Asylanträge scheiterten, ein substanzieller Personenkreis aber dennoch ein menschenrechtliches oder humanitäres Bleiberecht erhielt.[40]

Von daher spricht viel dafür, die aktuelle Situation beizubehalten und die Sollbruchstelle einer restriktiven Flüchtlingsdefinition nicht erneut zum zentralen Diskussionsfeld erstarken zu lassen. Dies gilt umso mehr, als der nationale und europäische Gesetzgeber andere Handlungsmöglichkeiten besitzt. So steht es dem Bundestag grundsätzlich frei, im Rahmen des Unionsrechts für GFK-Flüchtlinge, den subsidiären Schutz und nationale Abschiebungsverbote abgestufte Rechtsfolgen vorzusehen, etwa beim Familiennachzug.[41] Diese legitime Debatte sollte freilich nicht der Illusion erliegen, dass der Bürgerkriegsstatus oder andere Anerkennungsgründe notwendig temporär wären und man deshalb die Integration von anerkannten Flüchtlingen nicht fördern solle. Je schneller der Krieg endet, desto mehr werden zurückkehren, aber viele werden dauerhaft bleiben. Aus Flüchtlingen werden schrittweise Einwanderer.

Das deutsche Asylrecht stützt eine solche Sichtweise, die anerkannte Flüchtlinge als potentielle Neubürger betrachtet, anstatt diese dauerhaft als Gäste zu behandeln, die früher oder später zurückkehren – entsprechend einer bürgerschaftlichen Wende der deutschen Migrationspolitik, die sich ganz ähnlich bei den Nachfahren der vormaligen „Gastarbeiter" zeigt.[42] So fördert das geltende Recht die Aufenthaltsverfestigung von Flüchtlingen[43] und erleichtert die Einbürgerung.[44] Die Verwaltung investiert beträchtliche Ressourcen in die Integrationsförderung, die eine strukturelle Eingliederung in den Arbeits- und Wohnungsmarkt ebenso umfasst wie eine soziokulturelle Teilhabe mittels Sprach- und Orientierungskursen.[45] Damit entscheidet sich die Bundesrepublik im Einklang

---

40 Dies galt damals wie heute zusätzlich für Personen, die keinen menschenrechtlichen Schutz erhielten, aber dennoch die Ausreisepflicht missachten und nicht abgeschoben werden und dann früher oder später eine Legalisierung erhalten; vgl. Fn. 28; schon früh sprach *Kay Hailbronner* Vom Asylrecht zum Asylbewerberrecht, in: Walther Fürst/Roman Herzog/Dieter C. Umbach (Hrsg.): Festschrift für Wolfgang Zeidler, Bd. 1 (de Gruyter, 1987), S. 919 (922–926) vom „Asylbewerberrecht", wenn der Aufenthalt unabhängig vom Verfahrenserfolg faktisch zur Einwanderung führt.

41 Zum Familiennachzug siehe *Daniel Thym* Obergrenze für den Familiennachzug zu subsidiär Schutzberechtigten, NVwZ 2018, 1340–1347.

42 Ausführlich *Daniel Thym* Vom „Fremdenrecht" über die „Denizenship" zur „Bürgerschaft", Der Staat 57 (2018) 77 (85–114).

43 Eine Niederlassungserlaubnis nach § 26 Abs. 3 AufenthG stellt geringere zeitliche und inhaltliche Anforderungen als die Daueraufenthalts-Richtlinie 2003/109/EG (ABl. 2003 L 16/44); siehe auch *Daniel Thym* Integration kraft Gesetzes? ZAR 2016, 241 (249 f.).

44 Durch eine erlaubte Mehrstaatigkeit für GFK-Flüchtlinge (nicht jedoch für andere Schutztitel) nach § 12 Abs. 1 Nr. 6 StAG.

45 Es gelten insofern die regulären Vorgaben nach §§ 43 ff. AufenthG, die durch Sonderregelung iRd Integrationsgesetzes v. 31.7.2016 (BGBl. 2016 I 1639) ergänzt werden.

mit einer allgemeinen Zielvorgabe der Genfer Flüchtlingskonvention für die dauerhafte Lösung der „Eingliederung" (*assimilation*),[46] die anerkannte Flüchtlinge schrittweise zu eingewanderten Neubürgern macht.[47]

---

46 Art. 34 GFK, dessen deutsche Übersetzung nicht authentisch ist und der mit dem Assimilationsbegriff die damals herrschende US-Migrationssoziologie aufgriff, die hinsichtlich des Ziels einer zukunftsgewandten Einheitsstiftung im aktuellen Integrationsdiskurs modifiziert fortscheint; näher *Thym* (Fn. 42) S. 98 ff.; und *Roger Brubaker* The Return of Assimilation? in: Christian Joppke/Ewa Morawska (Hrsg.): Toward Assimilation and Citizenship. Immigrants in Liberal Nation-States (Palgrave, 2003) S. 39–58.

47 Jenseits der abstrakten GFK-Vorgabe konzipiert UNHCR, Framework for Durable Solutions for Refugees and Persons of Concern, May 2003, die lokale Integration als eine von drei möglichen dauerhaften Lösungen.

III Reiseroute

Seit einigen Jahren prägt das Asylrecht eine inhaltliche Asymmetrie. Während die Schutzrechte immer weiter ausgeweitet wurden, wurde über staatliche Kontrollmaßnahmen entlang der Reiseroute gestritten. Wir erleben eine Diskrepanz zwischen der abnehmenden Bedeutung der ersten Sollbruchstelle sowie einer steigenden Relevanz des zweiten Strukturdefizits: fehlende Vorgaben zur Reiseroute. Zwischen diesen beiden Entwicklungen besteht eine Wechselbeziehung, wenn die großzügige Rechtsstellung von anerkannten Flüchtlingen mit strengen Vorgaben zur Einreise korreliert. Die Rechtsentwicklung entlang der Reiseroute ist ein aktueller Kristallisationspunkt, der die Spannungslagen greifbar werden lässt, die die deutsche und europäische Flüchtlingspolitik umtreiben und die sich bei staatlichen Kontrollmaßnahmen vor der Einreise entladen.

1 Migrationskontrolle und Menschenrechte

Warum die Reiseroute eine Sollbruchstelle darstellt, erklärt man am besten anhand des Herzstücks des internationalen Flüchtlingsrechts: dem Refoulementverbot.[48] Dieses verbietet Staaten begrifflich, eine Person in ein Gebiet zurückzuweisen (Französisch: *refouler*), wo eine Verfolgung droht. Es steht fest, dass dies Verbot völkergewohnheitsrechtlich gilt, ohne dass damit eine konkrete Flüchtlingspolitik vorgegeben wäre. Das Refoulementverbot bleibt nämlich territorial radiziert, weil es im Einklang mit der neuzeitlichen Völkerrechtsordnung westfälischer Prägung erst eingreift,[49] wenn ein Flüchtling die Grenze eines Staates erreicht hat. Es mag zynisch klingen, aber das Völkerrecht garantiert Flüchtlingen und Migranten auch im Rahmen der Genfer Flüchtlingskonvention bis heute keine Reisefreiheit. Die Staaten waren und sind nicht verpflichtet, einen sicheren Reiseweg proaktiv zu fördern,[50] etwa durch Resettlement-Quoten.

---

48 Vgl. Art. 33 Abs. 1 GFK, der durch Art. 3 EMRK und andere internationale Menschenrechtsgewährleistungen verstärkt und überlagert wird.

49 Allgemein *Nehal Bhuta* The Frontiers of Extraterritoriality. Human Rights as Global Law, in: ders. (Hrsg.): The Frontiers of Human Rights (OUP, 2016), S. 1 (2–4); und die versuchte Neujustierung bei *Ibrahim Kanalan* Extraterritorial State Obligations Beyond the Concept of Jurisdiction, German Law Journal 19 (2018) 43–63.

50 Etwas anderes folgt auch nicht aus Art. 31 GFK, der die illegale Einreise zu sanktionieren verbietet, da die Norm nur reaktiv eingreift, wenn Asylbewerber „einreisen oder sich aufhalten" (*enter or are present*), nicht jedoch davor; siehe auch UNHCR, Guidelines on International Protection No. 14, 2019, Rn. 14–16 (i.E.).

https://doi.org/10.1515/9783110630206-004

Vielmehr hatten die Staaten von Anfang an sichergestellt, dass die Flüchtlingskonvention flexible Reaktionen erlaubt. Ursprünglich galt sie nur für Personen, die sich bereits im Hoheitsgebiet aufhielten; das Refoulementverbot beinhaltete kein Einreiserecht.[51] Selbst der häufig zitierte Artikel 14 der Allgemeinen Erklärung der Menschenrechte wurde ungeachtet der fehlenden Rechtsverbindlichkeit bewusst so formuliert, dass Flüchtlinge ein staatliches Asylrecht beanspruchen dürfen, die Staaten jedoch nicht verpflichtet wurden, eine solche Asylgarantie einzurichten.[52] Dies änderte sich erst schrittweise. Unstreitig umfasst das Refoulement-Verbot heute auch ein Verbot, einen Flüchtling an den Staatsgrenzen in ein Verfolgerland abzuweisen. Hierfür gibt es zahllose Belege aus der Staatenpraxis.[53] Es widerstrebt dem Schutzgedanken des Asylrechts, jemanden an der Grenze der Verfolgung preiszugeben.

Der EGMR geht weiter und unterwirft auch extraterritoriale Grenzkontrollen auf der Hohen See dem Artikel 3 EMRK, jedenfalls sobald sich Flüchtlinge unter der Kontrolle einer staatlichen Küstenwache befinden[54] – eine Position, die der US Supreme Court im Jahr 1992 für die GFK ausdrücklich zurückgewiesen hatte und die auch australische Gerichte so nicht teilen.[55] Rechtliche Grundlage dieser dynamischen Rechtsentwicklung ist das Verbot der Folter und der unmenschlichen oder erniedrigenden Behandlung nach Artikel 3 EMRK, das der EGMR seit den 1990er Jahren dynamisch auslegte. So entwickelte der Straßburger Gerichtshof nicht nur ein extraterritoriales Refoulementverbot, sondern untersagte aufgrund von Artikel 3 EMRK auch die Rückführung von Familien mit kleinen Kindern nach Italien, soweit dort keine Unterbringung gewährleistet ist.[56]

---

51 Vgl. *Nehemiah Robinson* Convention Relating to the Status of Refugees. Its History, Contents and Interpretation (World Jewish Congress, 1953), S. 163; und *James C. Hathaway/Michelle Foster* The Law of Refugee Status, 2. Aufl. (CUP, 2014) S. 17–23.

52 Siehe *Hersch Lauterpacht* The Universal Declaration of Human Rights, British Yearbook of International Law 25 (1948) 354 (373 f.).

53 Zur Geltung kraft Völkergewohnheitsrechts siehe *Guy Goodwin-Gill/Jane McAdam*, The Refugee in International Law, 3. Aufl. (OUP, 2007) S. 306–308.

54 Wo genau bei privaten Schiffen und staatlich koordinierten Rettungseinsätzen die juristische Grenzlinie der Jurisdiktion verläuft, die die EMRK nach deren Art. 1 zur Anwendung bringt, bleibt unklar; siehe *Maarten den Heijer* Reflections on Refoulement and Collective Expulsion in the *Hirsi* Case, International Journal of Refugee Law 25 (2013), 265 (271–274); und *Matthias Lehnert/Nora Markard* Mittelmeerroulette, ZAR 2012, 194 (196 f.).

55 Vgl. US Supreme Court, judgment of 21 June 1993, *Sale v. Haitian Centers Council*, 509 US 155, 113 S.Ct. 2549 [1993]; zur Einordnung *Goodwin-Gill/Jane McAdam* (Fn. 53) S. 244–256; und *Thomas Gammeltoft-Hansen* Extraterritorial Migration Control and the Reach of Human Rights, in: Chetail/ Baulez (Fn. 19) S. 113 (120–132).

56 Wegweisend EGMR, Urt. v. 21.1.2011 [GK], Nr. 30696/09, *M.S.S. gegen Belgien und Griechenland*; und EGMR, Urt. v. 4.11.2014 [GK], Nr. 29217/12, *Tarakhel gegen die Schweiz*, Rn. 93 ff.; zuletzt

Man könnte problemlos viele Seiten mit vergleichbaren Rechtsfragen füllen, doch die kurzen Beispiele dienten für die Zwecke unseres Themas einem allgemeinen Ziel. Sie sollten verdeutlichen, dass die GFK und die Menschenrechte einerseits rechtliche Grenzen ziehen und darüber hinaus andererseits als Projektionsfläche für normative Argumente dienen, um das Flüchtlingsrecht dynamisch fortzuentwickeln[57] – indem beispielsweise extraterritoriale Grenzkontrollen erfasst werden.[58] Es wäre jedoch zu einfach, einseitig den dynamisch-aspirativen Charakter eines progressiven Flüchtlingsrechts zu betonen. Zugleich orientierte sich dieses schon immer an Staateninteressen. Wer behauptet, dass jede Form der staatlichen Migrationskontrolle menschenrechtswidrig sei, verkennt die doppelte Rückbindung an die Interessen der Staaten und der Flüchtlinge.[59] Das Flüchtlingsrecht ist insofern utopisch und realistisch zugleich; es zielt auf eine bessere Welt und gibt den handelnden Staaten dennoch Freiräume.[60]

2 Entwicklung asylrechtlicher Kontrollinstrumente

In der Praxis kollidieren die widerstreitenden Zielsetzungen einer dynamischen Menschenrechtsauslegung und der staatlichen Kontrollinteressen häufig – und derartige Konflikte prägen seit über 30 Jahren die Asyldebatte. Als nämlich, anders als früher, die Flüchtlinge aus dem globalen Süden in den 1980er Jahren anfingen, erstmals im größeren Ausmaß in die westlichen Industriestaaten zu ziehen, reagierten diese mit Kontrollmaßnahmen,[61] indem zum Beispiel eine

restriktiver EuGH, *Jawo*, C-163/17, EU:C:2019:218, Rn. 80 ff.; zur Einordnung siehe *Mattias Wendel*, Menschenrechtliche Überstellungsverbote. Völkerrechtliche Grundlagen und verwaltungsrechtliche Konkretisierung, DVBl. 2015, 731–741.

57 Allgemein *Mattias Kumm* The Cosmopolitan Turn in Constitutionalism, in: Jeffrey L. Dunoff/ Joel P. Trachtman (Hrsg.): Ruling the World (CUP, 2009) S. 258 (303–305); theoretisch *Jürgen Habermas* Das Konzept der Menschenwürde und die realistische Utopie der Menschenrechte, Deutsche Zeitschrift für Philosophie 58 (2010), 343–357; für Menschenrechte von Flüchtlingen siehe *Itamar Mann*, Humanity at Sea. Maritime Migration and the Foundations of International Law (CUP, 2016), Kap. 6.

58 Zur strategischen Argumentation *Thomas Spijkerboer* Analysing European Case Law on Migration. Options for Critical Lawyers, in: Loïc Azoulai/Karin De Vries (Hrsg.): EU Migration Law. Legal Complexities and Political Rationales (OUP, 2014) S. 188–218.

59 Hierzu bereits *Daniel Thym* Migrationssteuerung im Einklang mit den Menschenrechten, ZAR 2018, 193 (194 ff.).

60 Grundlegend *Martti Koskenniemi* From Apology to Utopia. The Structure of International Legal Argument, 2. Aufl. (CUP, 2005), Kap. 4, 8, Epilog.

61 Instruktiv *G.J.L. Coles* Approaching the Refugee Problem Today, in: Gil Loescher/L. Monahan (Hrsg.): Refugees and International Relations (OUP, 1989) S. 373 (383–410); *Hathaway* (Fn.5)

vorgelagerte Visumpflicht für diejenigen Länder eingeführt wurde, aus denen viele Asylbewerber kamen,[62] oder private Transportgesellschaften mit Bußgeldern und sonstigen Sanktionen belegt wurden, wenn sie Personen ohne Einreiseerlaubnis nach Europa beförderten.[63]

Derartige allgemeine Kontrollmaßnahmen wurden ergänzt durch flüchtlingsspezifische Politikansätze, die mit asylrechtlichen Mitteln den Daueraufenthalt verhindern oder erschweren wollten. Dazu gehören der deutsche Asylkompromiss von 1993, die „Pazifische Lösung" Australiens, die amerikanische „wet-foot-dry-foot-policy" gegenüber Kubanern oder jüngst der EU-Türkei-Deal.[64] Die westlichen Staaten unterzogen ihre Migrationskontrollpolitik infolge der Asylzuwanderung einer Neujustierung, die die Grenzkontrollen zwar nicht aufhob, diese jedoch durch Vorfeldmaßnahmen ergänzte,[65] die aufgrund der internationalen Zusammenarbeit einen höheren Wirkungsgrad besitzen und ansetzen, bevor die rechtlichen und ethischen Schutzstandards im Inland eingreifen.[66] Eine indirekte Steuerung der Fluchtmigration entlang der Reiseroute erlaubte den Ländern eine effektive Steuerung, die nach der Einreise aus rechtlichen, ethischen und politischen Gründen kaum möglich ist.

Für die Zwecke der vorliegenden Untersuchung aktualisieren diese neuen Politikansätze den eingangs ausgeführten Befund, dass das Flüchtlingsrecht keinem universellen Konsens entspringt, wo und wie ein wirksamer Schutz bereitzustellen sei. Eine sichere Reiseroute oder ein unbedingtes Einreiserecht ga-

---

S. 151–165; und *B.S. Chimni* The Geopolitics of Refugee Studies, Journal of Refugee Studies 11 (1998), 350–374.

62 Näher *Bernard Ryan*, What Role for Legal Guarantees, in: ders./Valsamis Mitsilegas (Hrsg.): Extraterritorial Immigration Control (Martinus Nijhoff, 2010) S. 3 (4–13).

63 Ein Vorreiter war mit § 18 Abs. 4 f. AufenthG idF d. G. v. 6.1.1987 (BGBl. 1987 I 89) die Bundesrepublik; ausführlich *Violeta Moreno-Lax* Accessing Asylum in Europe. Extraterritorial Border Controls and Refugee Rights under EU Law (OUP, 2017) Kap. 5.

64 Im Überblick siehe *Maarten den Heijer*, Europe and Extraterritorial Asylum (Hart, 2012) Kap. 5–7; und *Thomas Gammeltoft-Hansen*, Access to Asylum. International Refugee Law and the Globalisation of Migration Control (CUP, 2011), Kap. 4–6.

65 Siehe *Grete Brochmann* Controlling Immigration in Europe, in: dies./Tomas Hammar (Hrsg.): Mechanisms of Immigration Control (Berg, 1999) S. 297–334; *Daniel Thym* Migrationsverwaltungsrecht (Mohr Siebeck, 2010), Kap. 6; und die Beiträge zu Ruben Zaiotti (Hrsg.): Externalizing Migration Management. Europe, North America and the Spread of 'Remote Control' Practices (Routledge, 2016).

66 So umgehen die westlichen Länder das Dilemma, die Migration wirksam steuern zu wollen, vor entsprechenden Maßnahmen im Inland jedoch zurückzuschrecken, indem sie etwa abgelehnte Asylbewerber nicht konsequent abschieben; hierzu *James C. Hollifield* Immigrants, Markets and States (Harvard UP, 1992); *Josef Isensee* Grenzen. Zur Territorialität des Staates (Duncker & Humblot, 2018) S. 172 f.; siehe auch Abschn. III.6.

rantieren weder die Flüchtlingskonvention noch die internationalen Menschenrechte. Diesen Spielraum nutzten die westlichen Länder seit den 1980er Jahren, um gegenüber der dritten Welt ein strengeres Kontrollregime zu errichten als angesichts des Kommunismus. Damals wie heute diente die Flüchtlingspolitik immer auch egoistischen Interessenlagen. Gegenüber dem Kommunismus zeugte sie von der Überlegenheit des Verfassungsstaats westlicher Prägung; in der globalisierten Gegenwart unterstützt sie das Ziel, einer unkontrollierten Zuwanderung aus ärmeren Ländern des globalen Südens vorzubeugen.

Dies gilt umso mehr, als sich mit dem Ende des Kalten Krieges die normativen Orientierungen allgemein verschoben und die Weltgemeinschaft vom nachgelagerten Opferschutz auf die präventive Ursachenbekämpfung umstellte. In einer Völkerrechtsordnung, die nach dem Zweiten Weltkrieg die staatliche Souveränität betonte, eröffnete der Flüchtlingsschutz den westlichen Ländern die Möglichkeit, global für bestimmte Werte einzutreten, ohne sich direkt in die internen Angelegenheiten anderer Länder einzumischen. Mit dem Siegeszug der Menschenrechte veränderten sich die Rahmenbedingungen.[67] Nunmehr erschien der Flüchtlingsschutz im Norden nur noch als eine Möglichkeit unter vielen, die Lebensbedingungen im globalen Süden zu verbessern, die ebenso durch humanitäre Interventionen oder andere Mechanismen der globalen Governance beeinflusst werden konnten.[68] Insofern kann eine restriktivere Asylpolitik jenseits der üblichen Abschottungskritik ethisch mit einem positiven Narrativ verbunden werden,[69] das in den öffentlichen Diskussionen der Gegenwart durch die verbreitete Beschwörung der „Fluchtursachenbekämpfung" eine Aktualisierung erfährt.

Rechtsdogmatisch nutzen die neuen Politikansätze die territoriale Radizierung des Flüchtlingsrechts. Restriktionen entlang der Reiseroute mittels Vorfeldmaßnahmen wie Visavorschriften verstoßen nach einer weithin konsentierten Lesart auch dann nicht gegen das Refoulementverbot, wenn dieses eine Zurück-

---

67 Allgemein *Andreas Paulus* Die internationale Gemeinschaft im Völkerrecht (C.H. Beck, 2001) S. 97 ff.; und *Anne Peters* Humanity as the A and Ω of Sovereignty, European Journal of International Law 20 (2009) 513–544.

68 Instruktiv *Alexander T. Aleinikoff* State-Centered Refugee Law. From Resettlement to Containment, Michigan Journal of International Law 14 (1992) 120 (125–130); und *G.J.L. Coles* The Human Rights Approach to the Solution of the Refugee Problem. A Theoretical and Practical Enquiry, in: Alan E. Nash/John P. Humphrey (Hrsg.): Human Rights and the Protection of Refugees (Institute for Research on Public Policy, 1988) S. 195–221.

69 Aus der jüngeren Diskussion *Alexander Betts/Paul Collier* Gestrandet. Warum unsere Flüchtlingspolitik allen schadet – und was jetzt zu tun ist (Siedler, 2017); siehe auch *Thomas Gammeltoft-Hansen*, International Cooperation on Migration Control. Towards a Research Agenda for Refugee Law, European Journal of Migration and Law 20 (2018), 373 (385–389).

weisung an der Grenze oder auf der Hohen See verbietet.[70] Worum es bei den diesbezüglichen Debatten konkret geht, zeigen zwei aktuelle Beispiele, die zugleich verdeutlichen, wie die traditionelle Interessendivergenz zwischen einem progressivem Flüchtlingsschutz und der staatlichen Migrationskontrolle sich in den rechtspolitischen Diskussionen der Gegenwart fortsetzt.

3 Sichere Drittstaatsklauseln

Sichere Drittstaatsklauseln sind ein klassisches Instrument, mittels dessen die Fluchtmigration mittelbar gesteuert werden kann. Sie erfassen Konstellationen, in denen Asylbewerber sich vor der Antragstellung in einem Land aufhielten, wo sie entweder hätten Schutz erhalten können oder diesen tatsächlich erhielten.[71] Derartige Steuerungsklauseln kann man unter dem Oberbegriff des anderweitigen Schutzes (*protection elsewhere*) zusammenfassen.[72] Sie verbreiteten sich seit den späten 1980er Jahren, nicht zuletzt mit dem deutschen Asylkompromiss,[73] und sind heutzutage ein fester Bestandteil des Flüchtlingsvölkerrechts. Hierfür gibt es mannigfaltige Belege in der Staatenpraxis,[74] in den Äußerungen von UNHCR und des Exekutivausschusses[75] sowie in der wissenschaftlichen Literatur.[76] Verblei-

---

70 In diesem Sinn *Uwe Berlit* Flüchtlingsrecht in Zeiten der Krise (Nomos, 2017) S. 69 – 86; *Angelika Nußberger* Flüchtlingsschicksale zwischen Völkerrecht und Politik, NVwZ 2016, 815 (817 f.); *Ulrich Becker* Die Zukunft des europäischen und deutschen Asylrechts, in: Christian Walter/ Martin Burgi (Hrsg.): Die Flüchtlingspolitik, der Staat und das Recht (Mohr Siebeck, 2017) S. 55 (81 – 90); und *Markus Kotzur* Migrationsbewegungen als Herausforderung für das Völkerrecht, in: Nina Dethloff u. a. (Hrsg.): Rückblick nach 100 Jahren und Ausblick. Migrationsbewegungen. Berichte der Deutschen Gesellschaft für Internationales Recht 49 (C.F. Müller, 2018) S. 295 (Abschn. D).

71 Letzteres wird häufig als „erste Asylstaaten" sprachlich abgestuft; so etwa §§ 26a f. AsylG und Art. 35, 38 f. Verfahrens-Richtlinie 2013/32/EU (ABl. 2013 L 180/60).

72 Vgl. *Goodwin-Gill/Jane McAdam* (Fn. 53) S. 390 – 414.

73 Siehe *Kay Hailbronner* The Concept of 'Safe Country' and Expeditious Asylum Procedures, International Journal of Refugee Law 5 (1993) 31 (36 – 48).

74 Siehe *Stephen Legomsky* Secondary Refugee Movements and the Return of Asylum Seekers to Third Countries, International Journal of Refugee Law 15 (2003), 567 (626 ff.).

75 Etwa UNHCR-Exekutivausschuss, Conclusion No. 85 (XLIX) on International Protection (1998), Buchst. z.

76 Siehe *James Hathaway*, The Rights of Refugees under International Law (CUP, 2005), S. 323 f.; *Goodwin-Gill/Jane McAdam* (Fn. 53), S. 390 – 414; und *Rainer Hofmann/Tillmann Löhr* Introduction to Chapter V, in: Andreas Zimmermann (Hrsg.): The 1951 Convention Relating to the Status of Refugees and its 1967 Protocol. A Commentary (OUP, 2011), Rn. 73; zu den vereinzelten kritischen Stimmen *Violetta Moreno-Lax* The Legality of the 'Safe Third Country' Notion Contested, in:

bende Unsicherheiten betreffen nicht die Frage, *ob* das Konzept eines anderweitigen Schutzes existiert, sondern *wie* dieses auszugestalten ist, etwa mit Blick auf das Mindestschutzniveau im Drittstaat.

Für die Zwecke unserer Überlegungen bekräftigen sichere Drittstaatsklauseln, dass die Genfer Flüchtlingskonvention und das Refoulementverbot keine freie Wahl des Ortes umfassen, wo man geschützt wird. Die Staaten dürfen Asylbewerber auf anderweitigen Schutz verweisen. Weniger eindeutig ist jedoch, welche Anforderungen das Flüchtlingsvölkerrecht an sichere Drittstaaten stellt. Dies klingt abstrakt, ist es aber nicht: Derzeit verhandelt die Europäische Union über eine Reform der Asyl-Verfahrens-Richtlinie, deren Artikel 38 die aktuelle Drittstaatsklausel enthält, anhand derer etwa griechische Behörden zu entscheiden haben, ob syrische Asylbewerber in die Türkei zurückgeschickt werden dürfen.[77] Nun geht der aktuelle Artikel 38 über das Völkerrecht hinaus, weshalb der Europäische Rat im Sommer 2017 beschloss, die Drittstaatsklausel auf das zwingende Mindestschutzniveau abzusenken.[78]

Dies ist nicht nur politisch spannend, sondern auch rechtlich, denn die maßgeblichen völkerrechtlichen Mindeststandards sind schwer zu ermitteln, weil die Flüchtlingskonvention überhaupt keine Vorgaben zum Asylverfahren enthält und es kein Gericht gibt, das sie autoritativ auslegen könnte. Auch UNHCR äußert „nur“ unverbindliche Rechtsansichten,[79] die durch die Staatenpraxis sowie die Entscheidungen des EGMR und anderer Menschenrechtsorgane ergänzt und teilweise überlagert werden. Man muss also viele Quellen auswerten, wenn man das völkerrechtliche Mindestschutzniveau bestimmen will und wird dennoch keine endgültige Klarheit erhalten. Für das Völkerrecht ist das typisch, doch für innerstaatlich geschulte Juristen ungewohnt. Zwei Beispiele veranschaulichen, worum es hierbei konkret geht.[80]

Goodwin-Gill/Philippe Weckel (Hrsg.): Migration and Refugee Protection in the 21st Century (Martinus Nijhoff, 2015) S. 665 (688–707).

77 Hierzu der bereits erwähnte Art. 38 RL 2013/32/EU (Fn. 71) Art. 44–50 des Änderungsvorschlags der Kommission für eine künftige Verfahrens-Verordnung gemäß COM(2016) 467 v. 13.7. 2016 sowie der zum Zeitpunkt des Manuskriptabschlusses noch aktuelle Verhandlungsstand im Rat gemäß Rats-Dok. 10973/18 v. 11.7.2018, wobei das Dossier erst nach der Europawahl 2019 wieder aufgegriffen werden dürfte.

78 Vgl. Europäischer Rat, Schlussfolgerungen, EUCO 8/17 v. 23.6.2017, Rn. 23.

79 Ausdr. BVerfG, Beschl. v. 8.12.2014, 2 BvR 450/11, Rn. 45–49.

80 Ausführlich *Daniel Thym* Gutachterliche Stellungnahme für das Bundesministerium des Innern, Januar 2017, erhältlich online unter http://ssrn.com/abstract=3163015.

a) Formale Ratifikation vs. reale Beachtung

Ein erster Kritikpunkt betrifft die Frage, ob ein sicherer Drittstaat völkerrechtlich an die Genfer Flüchtlingskonvention gebunden sein muss, worauf die EU künftig verzichten möchte.[81] Es ist dies durchaus praxisrelevant, weil Libyen die Konvention überhaupt nicht ratifizierte und die Türkei die GFK bis heute nur auf Flüchtlinge aus Europa anwendet. Wenn man nun eine Ratifikation ohne territorialen Vorbehalt einforderte, könnten die Europäer ihre Drittstaatsklausel dauerhaft auf wichtige benachbarte Transitstaaten wie die Türkei nicht anwenden. Ein formales Ratifikationserfordernis würde also die künftigen Handlungsmöglichkeiten spürbar beschneiden.

Nun ergibt jedoch eine nähere Analyse der Staatenpraxis unter Einschluss einer Entscheidung des griechischen Staatsrats zur EU-Türkei-Kooperation,[82] dass sichere Drittstaaten das Refoulementverbot zwar beachten müssen, es jedoch, entgegen anderslautender Behauptungen,[83] nicht zwingend darauf ankommt, ob sie die Konvention förmlich ratifizieren.[84] Wichtiger ist die Praxis der staatlichen Behörden im Zielstaat einer Überstellung, die sicherstellen muss, dass das Refoulement-Verbot in der Sache tatsächlich beachtet wird – eine Prüfung, die be-

---

81 Hierzu Art. 44 Abs. 1a Buchst. b für erste Asylstaaten, Art. 45 Abs. 1 Buchst. c f. iVm ebd. für sichere Drittstaaten und Art. 47 Abs. 3 für sichere Herkunftsstaaten gemäß dem Verhandlungsstand im Rat (Fn. 77).

82 Hierzu mit Blick auf den türkischen territorialen Vorbehalt der griechische Staatsrat, Urt. v. 22.9.2017, Nr. 2347/2017 & 2348/2017; und *Rainer Hofmann/Adela Schmidt* Ist die Türkei für Asylantragsteller ein sicherer Drittstaat? ZAR 2018, 1 (3–6).

83 Etwa von ECRE, Comments on the Commission Proposal for an Asylum Procedures Regulation, November 2016, Rn. 52 f.; soweit *Reinhard Marx* Rechtsgutachten zur Vereinbarkeit der von der Kommission der Europäischen Union vorgeschlagenen Konzeption des ersten Asylstaates sowie der Konzeption des sicheren Drittstaates mit Völker- und Unionsrecht, 8.3.2017, S. 23 f. pauschal auf EuGH, *N.S. u. a.*, C-411/10 & C-493/10, EU:C:2011:865, Rn. 102 ff. verweist, übersieht er, dass das EuGH-Zitat auf das geltende Sekundärrecht verweist (und damit keine Aussage zum Primärrecht trifft); *Andreas Zimmermann*, Das neue Grundrecht auf Asyl (Springer, 1994) S. 170–175 änderte seine Meinung zwischenzeitlich; vgl. *ders.*, Anmerkungen zu Mindestnormen für Verfahren zur Zuerkennung der Flüchtlingseigenschaft, ZAR 2003, 354 (357 f.).

84 Siehe den australischen Federal High Court, Urt. v. 29.10.1999, *Minister for Immigration and Multicultural Affairs v. Al-Sallal*, [1999] FCA 1332, Rn. 47; bestätigt durch den High Court, Urt. v. 28.1.2015, *CPCF v Minister for Immigration and Border Protection*, [2015] HCA 1, Rn. 469; UNHCR, Summary Conclusions on the Concept of 'Effective Protection' in the Context of Secondary Movements, Lisbon Expert Roundtable, February 2003, Rn. 15 Buchst. e; *Hathaway* (Fn. 76), S. 328 f.; und *ders./Foster* (Fn. 51) S. 35 (in Fn. 102); siehe auch UNHCR, Guidance Note on Bilateral and/or Multilateral Transfer Arrangements, Division of International Protection, May 2013, Nr. 3(iii), die von einer Ratifikation „in principle" spricht und damit effektiven Schutz ohne Ratifikation nicht zurückweist.

sonders sorgsam ausfallen muss, wenn ein Land die GFK oder einschlägige Menschenrechtspakte nicht ratifiziere.

Grundlage des Refoulement-Verbots bleibt also die Sicherheit im Einzelfall. Insofern ist es zwingend, wenn der EU-Gesetzgeber die Klauseln über den anderweitigen Schutz mit einer Einzelfallbetrachtung verbindet, die sicherstellt, dass die völkerrechtlich gebotene Sicherheit tatsächlich erreichbar ist.[85] Hinzu kommt, dass die aktuellen Vorschläge nicht nur vor Verfolgung im Sinn der Flüchtlingskonvention schützen, sondern das großzügigere Refoulementverbot der EMRK anwenden, das allgemeine Gefährdungslagen umfasst, und auch eine weitergehende Sicherheit vor den Gründen des subsidiären Schutzes einfordern.[86] Die EU will sich ihrem erweiterten Flüchtlingsbegriff nicht dadurch entziehen können, dass sie Drittstaaten für sicher erklärt, die einer engeren Definition folgen, was im Übrigen selbst bei einer einer förmlichen GFK-Ratifikation der Fall sein kann.[87] Beim Refoulementverbot plant der EU-Gesetzgeber in der Sache also keinen Kompromiss, verweist jedoch anstelle der formalen Ratifikation auf die staatliche Praxis.

b) Sozioökonomische Lebensumstände

Anders als beim Refoulementverbot verhält es sich mit den sozioökonomischen Lebensbedingungen in sicheren Drittstaaten. Diese stellen einen zentralen Streitpunkt dar, weil der Rat nicht mehr verlangen möchte, dass sichere Drittstaaten künftig alle Gewährleistungen umsetzen, die die Genfer Konvention anerkannten Flüchtlingen zuweist. Tatsächlich umfasst die GFK neben dem essentiellen Refoulementverbot eine ganze Reihe an materiellen Schutzgarantien, etwa für die Bildung und Sozialleistungen, die anerkannten Flüchtlingen unter denselben Bedingungen zustehen wie Inländern.[88] Hingegen besteht ein Arbeitsmarktzugang nur nach den Regeln für sonstige Ausländer.[89] Artikel 38 der aktuell

85 In diesem Sinn Art. 44 Abs. 2a, Art. 45 Abs. 2a Buchst. a und Art. 47 Abs. 4 Buchst. b gemäß dem Verhandlungsstand im Rat (Fn. 77).

86 Vgl. Art. 44 Abs. 1 Buchst. b, ba, Art. 45 Abs. 1 Buchst. b, c und Art. 47 Abs. 3 gemäß dem Verhandlungsstand im Rat (Fn. 77).

87 Zur Problematik *Legomsky* (Fn. 74) S. 637 f.; sowie *Michelle Foster* Protection Elsewhere. The Legal Implications of Requiring Refugees to Seek Protection in Another State, Michigan Journal of International Law 28 (2007) 223 (245–249).

88 Vgl. Art. 22–24 GFK.

89 Siehe Art. 17 f. GFK.

gültigen Verfahrensrichtlinie verlangt, dass sichere Drittstaaten all diese Statusrechte allen Flüchtlingen vollumfänglich gewähren.[90]

Dies möchte der Rat streichen und stattdessen auf die sozialen Menschenrechte verweisen, die einen angemessenen Lebensstandard mit elementarer Gesundheitsvorsorge vorschreiben.[91] Konkret hätte dies zur Folge, dass ein Arbeitsmarktzugang nicht mehr zwingend wäre und bei den Sozialstandards nicht länger eine Inländergleichbehandlung vorgeschrieben wäre, sodass sichere Drittstaaten an Flüchtlinge geringere Sozialleistungen erbringen könnten als an eigene Bürger, soweit sie die sozialen Menschenrechte beachten. Eine Beschulung soll hingegen obligatorisch bleiben.

Hintergrund hierfür ist, dass die Statusrechte abgestuft gewährleistet sind, was sprachlich bereits im personalen Anwendungsbereich der Normen mit den Adjektiven „present", „lawfully present" sowie „lawfully staying" angelegt ist. Es besteht eine Kaskade abgestufter Gewährleistungen; deklaratorisch ist nur die Flüchtlingsanerkennung als solche, nicht die aufenthaltsrechtliche Stellung.[92] So zeigt bereits der Wortlaut, dass einzelne Bestimmungen, wie der Schulbesuch, alle erfassen, die sich tatsächlich in einem Land aufhalten, während weitergehende Statusrechte wie der Arbeitsmarktzugang oder gleiche Sozialleistungen einen rechtmäßigen Aufenthalt voraussetzen. Es gibt zahlreiche Belege in den Urteilen nationaler Gerichte sowie neuerdings auch des EuGH,[93] die durch die Staatenpraxis gestützt werden,[94] dass ein „effektiver Schutz" (*effective protection*), den sichere Drittstaaten zwingend bereitstellen müssen, die Statusrechte der dritten Stufe nicht umfassen muss.

---

90 Vgl. Art. 38 Abs. 1 Buchst. d RL 2013/32/EU (Fn. 71).

91 Dies ergibt sich aus dem Verweis der verschiedenen Artikel auf die Definition des effektiven Schutzes nach Art. 43a Abs. 2 nach dem Verhandlungsstand im Rat (Fn. 77); zur Reichweite der sozialen Menschenrechte *Thym* (Fn. 80) S. 18–27.

92 Grundlegend *Hathaway* (Fn. 76) Kap. 3; anders offenbar *Anna Lübbe* GEAS-Reform: Standardsenkung bei den Drittstaatenkonzepten? ZAR 2018, 381 (381–383).

93 So kanadischer Federal Court, Urt. v. 5.11.2008, *Wangden v. Canada (Minister of Citizenship and Immigration)*, [2009] 4 FCR 46, Rn. 72; britisches House of Lords, Urt. v. 17.12.2002, *ex parte Thangarasa & Yogathas*, [2002] UKHL 36, per Bingham of Cornhill, Rn. 9; australischer High Court, Urt. v. 31.8.2011, *Plaintiff M70/2011 v Minister for Immigration and Citizenship*, [2011] HCA 32, Rn. 117 f.; GA Wathelet, *M*, C-391/16, C-77/17 & C-78/17, EU:C:2018:486, Rn. 109 ff.; mittelbar BVerfGE 94, 49 (91–93, Rn. 176 ff.); jüngst auch EuGH, *M*, C-391/16, C-77/17 & C-78/17, EU:C:2019:403, Rn. 84–92, 97 ff.

94 Ausführlich *Legomsky* (Fn. 74), insb. S. 639–645; vergleichbar UNHCR, Reception of Asylum-seekers, Global Consultations on International Protection (3rd Meeting), EC/GC/01/17 vom 4.9.2001, Nr. 3; und ExCom Conclusion No. 93 (LIII), Nr. b(ii), (v).

All dies klingt abstrakt, besitzt jedoch greifbare Folgen für die künftige europäische Asylpraxis und veranschaulicht auf einer mittleren Abstraktionsebene die Rechtsfolgen, wenn die Flüchtlingskonvention anders als das deutsche Grundgesetz und die europäischen Harmonisierungsrichtlinien das Asylrecht nicht individualrechtlich ausgestalten, sie also kein universelles Asylgrundrecht etabliert. Das Refoulementverbot gilt für alle, aber der Zugang zu vollen Statusrechten setzt eine staatliche Anerkennung voraus. Es ist eine politische Frage, ob die EU die hieran anknüpfenden Handlungsoptionen nutzen soll, indem sie die Anforderungen an sichere Drittstaaten absenkt. Für unsere Zwecke bekräftigt das laufende Gesetzgebungsverfahren exemplarisch, dass das Flüchtlingsvölkerrecht das staatliche Interesse an einer Migrationskontrolle mit den Schutzanliegen verbindet. Beide Interessen stehen in einem Spannungsverhältnis, das dem Flüchtlingsvölkerrecht unauflösbar zugrunde liegt.

Ganz plastisch würde die reformierte Drittstaatsklausel etwa greifen, wenn Asylantragstellende von Sizilien oder Südspanien aus nach dem Modell der EU-Türkei-Erklärung in ein sicheres Gebiet in Nordafrika zurückgeschickt würden. Zum gegenwärtigen Zeitpunkt bleiben diese Überlegungen freilich Gedankenspiele. Dies liegt nicht nur daran, dass kein südlicher Nachbarstaat künftige Ausschiffungsplattformen einzurichten bereit wäre und die Situation in Libyen für eine solche Lösung ohnehin viel zu unsicher wäre.[95] Seit die Europäer sich seit dem Sommer 2017 schrittweise aus der Seenotrettung zurückzogen und die libysche Küstenwache die Kontrolle ihrer Rettungszone übernahm, schaffen Asylbewerber es meistens nicht mehr bis zum europäischen Hoheitsgebiet, wo italienische, maltesische oder spanische Behörden eine reformierte Drittstaatsklausel anwenden könnten. Dies wirft neue Fragen auf.

4 Aufstieg kooperativer Kontrolle

Ich meine es nicht zynisch, wenn ich die Rechtsentwicklung als ein Katz-und-Maus-Spiel beschreibe, indem Flüchtlingsorganisationen und andere Akteure die Gerichte überzeugen, das Refoulementverbot dynamisch auszuweiten, erst an die

95 Forciert wurde die Idee vom Europäischen Rat, Schlussfolgerungen, EUCO 9/18 v. 28.6.2018, Rn. 4 aufgrund von Planspielen mit UNHCR/IOM, Proposal for a regional cooperative arrangement ensuring predictable disembarkation and subsequent processing of persons rescued-at-sea, 27.6.2018, die jedoch nicht umgesetzt wurden; theoretisch könnte die EU gemeinsam mit internationalen Organisationen in einzelnen Gebieten Libyens eine hinreichende Sicherheit zu gewährleisten versuchen, auch wenn dies praktisch und politisch zweifellos schwer umzusetzen wäre; zum Hintergrund *Thym* (Fn. 80) S. 51–57.

Grenze und danach auf die Hohe See[96] – und die Staaten daraufhin ihre Kontrollpraktiken anpassen, indem sie zuerst von der Grenze auf die Hohe See ausweichen und im nächsten Schritt die Nachbarländer unterstützen, damit diese eine Migrationskontrolle durchführen, bevor die europäischen Regeln greifen. Der neue Fokus der Europäischen Union auf die Drittstaatskooperation mit der Türkei, Libyen oder auch Niger findet *eine* Ursache in den strengen europäischen Vorgaben.[97] Anstatt komplizicrtc Drittstaatsklauseln mit hohen Schutzstandards und ausgefeilten Verfahren anzuwenden, konzentrieren sich die Europäer heutzutage darauf, die Migrationskontrollkapazitäten anderer zu ertüchtigen.

Einseitige asylrechtliche Maßnahmen wie Drittstaatsklauseln und Visavorschriften werden zunehmend durch kooperative Kontrollansätze überlagert,[98] die die Mitgliedstaaten sowie die Europäische Union nach der Flüchtlingskrise 2015/16 forcierten, als sich abzeichnete, dass eine unionsinterne solidarische Lastenteilung scheitern würde und die meisten Regierungen dauerhaft weniger Neuankömmlinge wünschten.[99] Zahlreiche Minister und Regierungschefs, darunter Angela Merkel,[100] intensivierten die Zusammenarbeit mit afrikanischen Ländern und erreichten, dass etwa der Niger die irreguläre Migration durch die Sahara eindämmte oder Marokko seine aktive Rolle als Transit- und Zielstaat fortentwickelte.[101] Im öffentlichen Diskurs erfahren diese Maßnahmen eine positive Rah-

---

96 Hierzu bereits Fn. 51-55 und begleitender Text.

97 Siehe auch die rechtsanthropologische Fallstudie von *Silja Klepp* A Double Bind. Malta and the Rescue of Unwanted Migrants at Sea. A Legal Anthropological Perspective on the Humanitarian Law of the Sea, IJRL 23 (2011) 538 – 557.

98 Allgemein *Thomas Gammeltoft-Hansen/James C. Hathaway* Non-Refoulement in a World of Cooperative Deterrence, Columbia Journal of Transnational Law 53 (2015) 235 (248 – 257).

99 Exemplarisch hierfür steht die Mitteilung der Kommission über einen neuen Partnerschaftsrahmen, COM(2016) 385 v. 7.6.2016, nebst Folgemitteilungen; zur Vorgeschichte *Anne Millet-Devalle/Nadia Hammami* Le renforcement des capacités des Etats tiers par l'Union européenne, in: Josiane Auvret-Finck/Anne-Sophie Millet-Devalle (Hrsg.): Crise des Réfugiés, Crise de l'Union Européenne? (Pedone, 2017) S. 307 – 358.

100 Siehe etwa: Merkel sagt Niger Millionenhilfe zu, F.A.Z., v. 10.10.2016; sowie die Absichtserklärung Déclaration conjointe 'Relever le défi de la migration et de l'asile', Rencontre à Paris, EU Commission STATEMENT/17/2981 v. 28.8.2017.

101 Für eine kritische Übersicht siehe *Francesca Ippolito* Conceptualising a Migrant's Rights-Based EuroMed Cooperation, in: dies./Seline Trevisanut (Hrsg.): Migration in the Mediterranean (CUP, 2015) S. 15 – 42, wobei Länder wie Marokko nicht nur Transitstaaten sind, sondern für Subsahara-Afrika zugleich als Zielland für Arbeitsmigration dienen; vgl. *Philippe Fargues* Work, Refuge, Transit. An Emerging Pattern of Irregular Immigration South and East of the Mediterranean, International Migration Review 43 (2009) 544 – 577.

mung, wenn die Ursachenbekämpfung sowie der Kampf gegen den Menschenhandel dem restriktiven Politikansatz eine positive Note verleihen.[102]

Nun überrascht es nicht, dass auch die jüngsten Versuche angegriffen werden, die Migrationskontrolle im Wege der Drittstaatskooperation wirksamer auszugestalten. Einige sehen einen Verstoß gegen das Ausreisegrundrecht.[103] Andere versuchen, den Jurisdiktionsbegriff auf kooperative Mechanismen zu erstrecken, um die finanzielle und logistische Unterstützung der Libyer vor internationalen Menschenrechtsforen zu überprüfen.[104] Allerdings steht nicht fest, dass es hierzu kommen wird. Eine dynamische Fortentwicklung ist dogmatisch und theoretisch keine Einbahnstraße, die die Schutzrechte von Migranten stetig verbessert. Ebenso denkbar sind dynamische Modifikationen, die staatliche Kontrolloptionen ausweiten[105] oder Schutzversprechen zurücknehmen. So scheint in der Großen Kammer des EGMR eine heftige Diskussion entbrannt zu sein, ob Zurückweisungen an der spanisch-marokkanischen Grenze dem Kollektivausweisungsverbot unterfallen. Würde dies verneint, wären effektiv Verfahrenspflichten zurückgenommen, wenn kein Refoulement droht.[106]

Mit derartigen Diskussionen könnte man problemlos ein ganzes Kapitel füllen, doch reicht für unsere Zwecke der Hinweis, dass die Debatte demselben Grundmuster folgt wie frühere Auseinandersetzungen. Die Auslegung des Flüchtlingsrechts kennzeichnet eine unauflösbare Spannungslage zwischen migrantischen Schutzinteressen und staatlichen Kontrollzielen, die kontextabhängig immer neu zu justieren sind. Dies soll nachfolgend anhand eines Beispiels veranschaulicht werden, das auch in der Öffentlichkeit beachtet wird: die Forderung nach humanitären Visa, die Botschaften in Drittländern an schutzbe-

---

102 Exemplarisch die Bundesregierung, Eine vertiefte Partnerschaft mit Afrika, 27.3.2019, S. 18–21; zum Wandel nach 1990 bereits Fn. 68 f. und begleitender Text.

103 Exemplarisch *Nora Markard* Das Recht auf Ausreise zur See. Rechtliche Grenzen der europäischen Migrationskontrolle durch Drittstaaten, AVR 52 (2014) 449–494.

104 Siehe *Gammeltoft-Hansen/Hathaway* (Fn. 98) S. 257–282; *Kanalan* (Fn. 49) S. 53–62; und *André Nollkaemper* Shared Responsibility for Human Rights Violations, in: Thomas Gammeltoft-Hansen/Jens Vedsted-Hansen (Hrsg.): Human Rights and the Dark Side of Globalisation (Routledge, 2017) S. 27–52; restriktiver der klassische Ansatz der in Fn. 70 genannten Autoren sowie *Frank McNamara* Member State Responsibility for Migration Control within Third States, EJML 15 (2013) 319–335; siehe auch *Thym* (Fn. 80) S. 51–53.

105 Die Ausweitung sicherer Drittstaatsklauseln und sonstiger Formen des anderweitigen Schutzes waren eine solche dynamische Fortentwicklung.

106 Im Verfahren *N.D. & N.T. gegen Spanien* (Nr. 8675/15 & Nr. 8697/15) könnten die Verfahrensgarantien des Art. 4 ZP IV EMRK verneint werden, wenn kein Refoulement droht, obgleich das *Hirsi*-Urteil diese für Grenzkontrollen generell ausgesprochen zu haben schien; zum Hintergrund *Thym* (Fn. 80) S. 46–48.

dürftige Personen ausgeben sollen, damit diese legal mit dem Flugzeug in die EU einreisen können.[107] Das Plädoyer ist teils ein Politisches: das Europäische Parlament etwa forderte im Dezember 2018 einen solchen Vorschlag.[108] Andere argumentieren juristisch und versuchen, humanitäre Visa einzuklagen.

5 Menschenrecht auf humanitäre Visa?

Humanitäre Visa sind ein prominentes Beispiel für legale Zugangswege, mit denen schutzbedürftigen Personen eine legale Einreise ermöglicht werden soll.[109] Entsprechende Programme gibt es in einzelnen Mitgliedstaaten, darunter Belgien, diese beruhen jedoch zumeist auf einem weiten Verwaltungsermessen.[110] Nichtsdestotrotz nutzten Nichtregierungsorganisationen dieses Einfallstor, um im Wege der strategischen Prozessführung, die sich im europäischen Migrationsrecht zunehmender Beliebtheit erfreut,[111] die überstaatlichen Gerichte dazu zu bewegen, einer syrischen Familie, die im damals umkämpften Aleppo lebte, einen Einreiseanspruch zu vermitteln.

Das Verfahren wurde europaweit beachtet, nachdem ein belgisches Gericht den EuGH mit dem Thema befasst und der zuständige Generalanwalt sich für einen Einreiseanspruch ausgesprochen hatte.[112] Der Gerichtshof sah dies anders, als er im Frühjahr 2017 – mit fadenscheinigen Argumenten – bereits eine An-

---

107 Exemplarisch *Pauline Endres de Oliveira*, Legaler Zugang zu internationalem Schutz – zur Gretchenfrage im Flüchtlingsrecht, KJ 2016, 167 (171–174).

108 Die unverbindliche Aufforderung an die Kommission beinhaltet bewusst kein Individualrecht auf Visumserteilung, sondern will einen europarechtlichen Rahmen schaffen; vgl. die Resolution des Europäischen Parlaments, PE 630.712v02–00 v. 11.12.2018.

109 Andere Instrumente sind Sponsorenprogramme und das Resettlement; zum Status quo ICF/MPI, Study on the Feasibility and Added Value of Sponsorship Schemes as a Possible Pathway to Safe Channels for Admission to the EU, including Resettlement, October 2018, S. 32–46; siehe auch *Winfried Kluth* Legale Zuwanderung stärken?, in: Roman Lehner/Friederike Wapler (Hrsg.): Die herausgeforderte Rechtsordnung. Aktuelle Probleme der Asylpolitik (BWV, 2018) S. 351–373.

110 Siehe *Iben U. Jensen* Humanitarian Visas: Option or Obligation? Study Requested by the European Parliament Directorate-General Internal Policies, September 2014, S. 41–48.

111 Siehe *Flip Schüller* Strategien und Risiken zur Durchsetzung migrationsrelevanter Menschenrechte vor dem Europäischen Gerichtshof für Menschenrechte, ZAR 2015, 64–67; und *Sergio Carrera/Bilyana Petkova* The Potential of Civil Society and Human Rights Organizations through Third-Party Interventions before the European Courts: The EU's Area of Freedom, Security and Justice, in: Mark Dawson u.a. (Hrsg.): Judicial Activism at the European Court of Justice (Elgar, 2013) S. 233 (235 f., 241).

112 Vgl. GA Mengozzi 7.2.2017, *X & X*, C-638/16 PPU, EU:C:2017:93; sowie *Daniel Thym* Interview: „Vom Leib halten", Der Spiegel Nr. 7/2017 vom 8.2.2017, S. 40 f.

wendbarkeit des EU-Visakodex verneinte und damit die eigentliche Streitfrage umschiffte, ob das Folterverbot nach Artikel 4 GRCh extraterritorial gilt.[113] Dogmatisch bleibt die Gretchenfrage nach der Reichweite der Grundrechtecharta gar nicht leicht zu beantworten, weil diese einerseits vorgibt, dass Artikel 4 im Einklang mit Artikel 3 EMRK auszulegen sei,[114] andererseits jedoch keine explizite Klausel zum territorialen Geltungsbereich nach dem Modell des Artikels 1 EMRK enthält. Einer Positionierung wich der EuGH aus, indem er den Visakodex und damit die Charta auf humanitäre Visa für generell nicht anwendbar erachtete. Damit bleibt die Grundsatzfrage ungeklärt, ob die Charta einen globalen territorialen Geltungsbereich besitzt[115] oder die territoriale Grundierung der Menschenrechtskonvention im unionalen Grundrechtsraum fortwirkt.[116]

Aktuell ist dieselbe Frage vor dem EGMR anhängig[117] – und auch dort ist die Situation dogmatisch nicht eindeutig, weil die frühere Menschenrechtskommission früher eine staatliche Jurisdiktion in freilich anders gelagerten konsularischen Angelegenheiten bereits einmal bejaht hatte.[118] Wenn man dies auf Visumsanträge in Botschaften übertrüge, wären die Folgen durchaus dramatisch. Bei einer strengen Handhabung könnten mehrere Millionen Personen auf eine Einreise hoffen, weil die großzügige Lesart des menschenrechtlichen Refoulementverbots nach Artikel 3 EMRK, das ähnlich umfassend ist wie der subsidiäre Schutz,[119] zu einem individuellen Einreiseanspruch erstarkte.

Meine Prognose lautet jedoch, dass es hierzu nicht kommen wird. Dies liegt nicht nur an der dogmatischen Erwägung, dass die Jurisdiktion der europäischen Länder in den konsularischen Abteilungen in Drittstaaten nur diejenigen Sachverhalte erfassen dürfte, die dort unter ihrer effektiven Kontrolle stehen – und

---

113 Siehe EuGH, *X & X*, C-638/16 PPU, EU:C:2017:173, Rn. 43 ff.; näher *Jorrit J. Rijpma* External Migration and Asylum Management, European Papers 2 (2017) 571 (577–579).

114 So Art. 52 Abs. 3 GRCh sowie EuGH, *N.S. u.a.* (Fn. 83) Rn. 86–88, 109–114.

115 Hierfür spricht die offene Formulierung von Art. 51 Abs. 1 GRCh; näher *Cathryn Costello/Violeta Moreno-Lax* The Extraterritorial Application of the EU Charter of Fundamental Rights, in: Steve Peers u.a. (Hrsg.): The EU Charter of Fundamental Rights. A Commentary (C.H. Beck/Hart/Nomos, 2014) Rn. 1–15.

116 So im Ergebnis *Mattias Herdegen* Grundrechte der Europäischen Union, in: Josef Isensee/Paul Kirchhof (Hrsg.): Handbuch des Staatsrechts, Band X, 3. Aufl. (C.F. Müller, 2012) § 211 Rn. 44 f.

117 Siehe das Individualbeschwerdeverfahren *Nahhas u.a. gegen Belgien* (Nr. 3599/18), das im Frühjahr 2019 noch anhängig war.

118 Siehe die NGO-Stellungnahme Written Submissions on Behalf of the Aire Centre, the Dutch Refugee Council, the European Council on Refugees and Exiles and the International Commission of Jurists v. 27.3.2018, Rn. 2.

119 Hierzu bereits Fn.33 und begleitender Text.

dazu gehört nicht die Lebenssituation von Syrern in ihrem Heimatland oder libanesischen Flüchtlingslagern. Vor allem jedoch widerspräche ein Menschenrecht auf ein humanitäres Visum der territorialen Grundstruktur des internationalen Flüchtlingsrechts, das – wie schon der Begriff des Refoulements zeigt – bisher die territoriale Präsenz in einem anderen Land oder an dessen Grenzen verlangt.[120] Mittelbar schien dies auch im EuGH-Urteil zu humanitären Visa auf, wenn dieses ausführte, dass ein anderes Ergebnis der Grundstruktur des unionalen Asylrechts widersprochen hätte.[121] Auch über den Umweg der Menschenrechte wird man kaum eine sichere Reiseroute einklagen können.

Diese Prognose meinerseits liegt nicht zuletzt daran, dass die Fallkonstellation der humanitären Visa besonders deutlich der territorialen Radizierung des geltenden Flüchtlingsvölkerrechts widerspräche. Sie ist damit in gewisser Weise ein Litmustest, der keine Kompromisslösung zwischen migrantischen Schutzinteressen und staatlichen Schutzzielen mehr zulässt. Ablehnende Gerichtsurteile verdeutlichen insofern die inhärenten territorialen Grenzziehungen eines nur scheinbar universellen Schutzanspruchs des geltenden Flüchtlingsrechts, die es den Europäern erlaubten, ein vergleichsweise großzügiges innerstaatliches Schutzsystem mit externen Politikansätzen zu verbinden, die den Gebietszugang von Flüchtlingen entlang der Reiseroute indirekt steuern.

6 Partikularer Universalismus des liberalen Verfassungsstaats

Im Streit um die humanitären Visa zeigen sich nicht nur die territorialen Grundierungen des Flüchtlingsrechts. Zugleich offenbaren sich die Wesenszüge eines partikularen Universalismus, der für die liberalen Verfassungsstaaten westlicher Prägung charakteristisch und in Deutschland besonders ausgeprägt ist. So erklärt das Grundgesetz die „unveräußerlichen" Menschenrechte zur „Grundlage jeder menschlichen Gemeinschaft, des Friedens und der Gerechtigkeit in der Welt"[122], verlangt damit jedoch keine universale Verantwortung der deutschen Hoheitsgewalt für alle Personen, die sich im Ausland aufhalten. Der liberale Verfassungsstaat gründet auf universellen Werten, verhilft diesen jedoch partikular in der staatlichen Kontrollsphäre zum Durchbruch.

Besonders ausgeprägt ist dieser Ansatz im Urteil des BVerfG zum Asylbewerberleistungsgesetz, das allen Asylbewerbern und ausreisepflichtigen Perso-

120 Hierzu bereits Abschn. III.1.
121 EuGH, *X & X* (Fn. 113) Rn. 48 f.
122 Art. 1 Abs. 2 GG.

nen im Lichte der Menschenwürde nahezu volle Mindestleistungen zusprach.[123] Verstärkt wurde der apodiktische Charakter durch den dogmatischen Rekurs auf die Menschenwürde. Wer seine Urteile auf die Würde gründet, kann schwerlich zwischen Bürgern und Ausländern abstufen. Bei näherer Betrachtung ist das Urteil konsequent universalistisch freilich nur in der Rhetorik, nicht jedoch in der Umsetzung. Eine Abschiebung muss nicht etwa immer dann unterbleiben, wenn das soziale Leistungsniveau im Zielstaat hinter dem zurückbleibt, was Karlsruhe für innerstaatliche Sachverhalte aus der Menschenwürde ableitet.[124] Auch behauptet niemand ernsthaft, dass das Grundgesetz eine einklagbare Hilfspflicht bei Hungersnöten gewähre.[125] Das Grundgesetz beseitigt nicht die Ungleichheitsschwelle, die die Sachverhalte diesseits und jenseits des staatlichen Verantwortungsbereichs unterschiedlich behandelt, definiert diese Abgrenzung jedoch nicht personal aufgrund der Staatsangehörigkeit, sondern territorial nach dem Wohnsitz der betroffenen Personen.[126]

Ein vergleichbarer partikularer Universalismus zeigt sich häufig in innenpolitischen Diskussionen, wenn etwa die öffentliche Meinung abgelehnte Asylbewerber ungern abschieben möchte, ohne zugleich zu fordern, dass andere Personen ohne Schutzbedarf einreisen können sollen.[127] Auch die öffentliche Meinung argumentiert in der Migrationsdebatte häufig mit universellen Werten, wenden diese aber territorial an. Aus einer konsequent universalistischen Perspektive erscheint dies als „schizophren,“[128] doch das muss nicht stimmen. Nicht nur das Flüchtlingsrecht bleibt territorial radiziert. Es gibt gute moralphiloso-

---

123 Vgl. BVerfGE 132, 134, Rn. 87 ff.; entgegen seinem Titel gilt das Asylbewerberleistungsgesetz nach § 1 Abs. 1 auch für ausreisepflichtige Personen mit einer Duldung sowie für Inhaber bestimmter humanitärer Aufenthaltserlaubnisse.

124 Das BVerwG verbietet in st. Rspr. – ohne dass das BVerfG bisher widersprochen hätte – eine Abschiebung nur, wenn jemand „gleichsam sehenden Auges dem sicheren Tod oder schwersten Verletzungen ausgeliefert sein würde“, vgl. BVerwGE 115, 1 (9 f.) mwN; auch soll das Asylrecht zwar im Lichte der Menschenwürde auszulegen sein, nach BVerfGE 80, 315 (335), jedoch nicht vor materieller Not im Herkunftsstaat schützen.

125 Auch eine justiziable Schutzpflicht gegenüber gebietsfremden Ausländern in Lebensgefahr besteht jdfls. nicht generell; vgl. *Peter Badura* Der räumliche Geltungsbereich der Grundrechte, in: Detlef Merten/Hans-Jürgen Papier (Hrsg.): Handbuch der Grundrechte in Deutschland und Europa, Bd. II (C.F. Müller, 2006) § 47.

126 Ausführlicher *Daniel Thym* Migrationsfolgenrecht, VVDStRL 76 (2017), 169 (176 – 185); zum theoretischen Hintergrund *Hasso Hofmann* Die versprochene Menschenwürde, AöR 118 (1993), 353 (365 – 373).

127 Hierzu bereits *Daniel Thym* Universalismus und Flüchtlingsdebatte, Der Merkur, Heft Nr. 802 (2016) 65 – 70.

128 *Gammeltoft-Hansen/Hathaway* (Fn. 98) S. 292 f.

phische,[129] gesellschaftstheoretische[130] und sozialpsychologische Gründe,[131] warum eine Gesellschaft faktische Inländer großzügiger behandelt als Personen, die sich noch im Ausland befinden. Die Migrationspolitik nutzt diesen Fokus auf das Inland, um extern eine Kontrolle durchzusetzen, die intern unbeliebt wäre.

---

129 Vgl. *Linda Bosniak* Being Here. Ethical Territoriality and the Rights of Immigrants, Theoretical Inquiries in Law 8 (2007) 389 (403–409).

130 Historisch jedenfalls bedingten sich eine kulturelle Nähebeziehung sowie das Ausmaß von gesellschaftlichem Vertrauen und Solidarität, die auch nicht durch den konstruierten Charakter kultureller Ähnlichkeit beseitigt wird, auch wenn unklar bleibt, ob dies noch für die Gegenwart gilt; näher *David Abraham* Immigrant Integration and Social Solidarity in a Time of Crisis, Critical Historical Studies 1 (2014) 215 (218–226); und *Daniel Thym* Ungleichheit als Markenzeichen des Migrationsrechts, (österreichische) Zeitschrift für Öffentliches Recht 2019, Abschn. II.3 (i.E.).

131 Näher *Stefan Magen* Kontexte der Demokratie, VVDStRL 77 (2018) 67 (75–85).

IV Fallstricke zwischenstaatlicher Zusammenarbeit

Während die beiden ersten Sollbruchstellen der Flüchtlingsdefinition sowie der fehlenden Vorgaben zur Reiseroute vom nationalen und europäischen Recht innerhalb des völkerrechtlichen Rahmens behandelt werden, kennzeichnet die internationale Zusammenarbeit eine Leerstelle, die gerade darin besteht, dass die Staaten einseitig handeln. Sichtbar wird diese Leerstelle, wenn man einen globalen Blickwinkel einnimmt. Die Medien berichten regelmäßig, dass weltweit über 60 Millionen Flüchtlinge in ihrem Heimatstaat oder anderen Ländern leben, häufig seit vielen Jahren.[132] Hiervon übernehmen die Bundesrepublik und die Europäische Union nur einen geringen Anteil.[133] Dabei liegt es auf der Hand, für ein „Problem, dessen internationalen Umfang und Charakter die ... Vereinten Nationen anerkannt (haben),“[134] einen effektiven Schutz auf kooperativem Wege zu gewährleisten. Diese Zusammenarbeit scheitert jedoch häufig.

1 Flüchtlingsschutz in globaler Perspektive

Eine zwischenstaatliche Kooperation kann unterschiedliche Formen annehmen. Vergleichsweise unproblematisch sind Situationen, in denen die westlichen Länder ärmere Erstaufnahmestaaten wie Libanon oder Uganda finanziell oder logistisch unterstützen. Entsprechende Hilfsprogramme gehören seit Jahrzehnten zum Repertoire der westlichen Flüchtlingspolitik und werden häufig über UNHCR realisiert, in Fortsetzung dessen traditioneller Rolle als humanitäre Hilfsorganisation für Afrika und Asien.[135] Auch der UN-Flüchtlingspakt, den die General-

---

132 Für das Jahr 2018 zählte UNHCR 68,8 Mio. Flüchtlinge unter Einschluss vieler Binnenvertriebener und schutzbedürftiger Personen, die der GFK-Definition nicht unterfallen.

133 Im Zeitverlauf sind die Zahlen freilich unklar, wenn etwa die Nachfahren von Palästinensern unter UNRWA-Mandat seit den späten 1940er Jahren bis heute gezählt werden, nicht jedoch die vertriebenen Deutschen, die nach heutigem Verständnis als Binnenvertriebene zählten, aber von der Statistik nicht erfasst werden, auch weil ihr Rechtsstatus und ihre soziale Stellung gesichert sind; auch ist aus dem Zahlenmaterial nicht ersichtlich, ob etwa Bürgerkriegsflüchtlinge, die in den 1990er Jahren nach Deutschland oder Österreich kamen, bis heute zur Gesamtzahl hinzugezählt werden, wie dies in Ländern der Fall ist, wo Flüchtlinge von damals noch heute in einer prekären Situation leben.

134 Erwägung 4 der Präambel der GFK.

135 Hierzu bereits Fn.13 und begleitender Text; zur EU-Praxis regionaler Schutz- und Entwicklungsprogramme (RPPs bzw. RDPPs) siehe *Steve Peers/Violeta Moreno-Lax/Madeline Garlick/*

https://doi.org/10.1515/9783110630206-005

versammlung im Dezember 2018 annahm, betont, wie wichtig der effektive Flüchtlingsschutz in den Herkunftsregionen sei.[136] Rein tatsächlich betreffen derartige Programme die Mehrzahl der weltweit geflüchteten Personen.

Problematischer sind Konstellationen, in denen die internationale Kooperation zugleich eine Migrationskontrolle anstrebt, wenn etwa die europäischen Staaten mit der Türkei oder der libyschen Küstenwache kooperieren. Rechtlich ist dies möglich, solange man die rechtlichen Grenzen beachtet.[137] Auch UNHCR anerkennt, dass eine solche Zusammenarbeit sinnvoll sein kann, wenn sie in einem Geist der Verantwortungs*teilung* vollzogen wird und nicht allein eine externalisierte Lasten*verlagerung* auf ärmere Nachbarstaaten bezweckt, die noch dazu eine schlechte Menschenrechtsbilanz aufweisen.[138]

Hier zeigt sich, dass UNHCR eine genuin globale Perspektive einnimmt, die das normative Ziel eines möglichst wirksamen Flüchtlingsschutzes nicht nur aus der partikularen Perspektive der Migrationsinnenpolitik betrachtet, die viele europäische Debatten kennzeichnet.[139] Man kann moralisch und ökonomisch durchaus darüber streiten, ob es zielführend sei, wenn Europa viele Ressourcen für vergleichsweise wenige Flüchtlinge aufwendet.[140] Auch deshalb ist UNHCR bereit, an einer mittelbaren Steuerung von Fluchtbewegungen seitens der westlichen Länder mitzuwirken, solange diese die völkerrechtlichen Standards beachtet und die Verantwortung im Sinn einer Abschottung nicht nur auf andere und häufig ärmere Länder abwälzt.

Ein aktuelles Beispiel ist Libyen, wo UNHCR mit Unterstützung der Europäer für schutzbedürftige Personen sorgt, die sodann im Wege des Resettlements teilweise legal nach Europa einreisen dürfen,[141] während die Internationale Or-

---

Elspeth Guild EU Immigration and Asylum Law (Text and Commentary) Vol. 3, 2. Aufl. (Brill Nijhoff, 2015) S. 633 – 644.

136 Siehe den Global Compact on Refugees, UNGV-Res. 73/151 v. 17.12.2018, Rn. 20 – 30 (nachfolgend „UN-Flüchtlingspakt").

137 Hierzu die exemplarischen Ausführungen in Abschn. III.

138 In diesem Sinn UNHCR, Background Note on the Safe Country Concept and Refugee Status, EC/SCP/68 v. 26.1.1991, Rn. 17; *Legomsky* (Fn.74) S. 606 – 610; und UNHCR, Besserer Schutz für Flüchtlinge in der EU und weltweit, Dezember 2016, insb. Nr. 1.5.

139 Hierzu bereits Abschn. III.6.

140 Exemplarisch *Betts/Collier* (Fn.69) Kap. 4 f.; *Matthew J. Gibney* The Ethics and the Politics of Asylum. Liberal Democracy and the Response to Refugees (CUP, 2004) Kap. 8; und *Andreas Funke* Das Flüchtlingsrecht zwischen Menschenrecht, Hilfspflicht und Verantwortung, JZ 2017, 533 – 543; kritisch *Michel Agier* Managing the Undesirables. Refugee Camps and Humanitarian Government (Polity, 2011).

141 Im November 2017 startete UNHCR einen experimentellen und dem zeitlichen und personellen Umfang nach vorerst begrenzten Emergency Transfer Mechanism (ETM), der schutzbe-

ganisation für Migration (IOM) zahlreiche Migranten ohne Schutzbedarf in ihre Heimatländer zurückführt.[142] Nach demselben Modell erklärten sich UNHCR gemeinsam mit IOM prinzipiell bereit, an eventuellen Ausschiffungsplattformen der Europäer in Nordafrika mitzuwirken.[143] Dazu kam es jedoch nicht, weil kein Drittstaat solche Ausschiffungszentren beheimaten wollte. Doch das libysche Beispiel hält dennoch eine doppelte Lehre bereit: Kooperative Lösungen fordern ein abgestimmtes Vorgehen, das die Interessen aller beteiligten Staaten kombiniert. Außerdem sind Migrationsbewegungen aus dem globalen Süden häufig „gemischte Wanderungen", wenn zeitgleich Personen mit und ohne Schutzbedarf unterwegs sind.[144] Hier besitzt das staatliche Interesse an einer Migrationssteuerung ein größeres Gewicht.

a) Dreifache Leerstelle der Flüchtlingskonvention

Auf der Grundlage dieser doppelten Lehren aus dem libyschen Beispiel wird der Blick frei auf eine dreifache Leerstelle der Flüchtlingskonvention, denn was sagt diese zu den soeben erwähnten Fragen der internationalen Kooperation und der gemischten Wanderungen? Reichlich wenig. So heißt es in den unverbindlichen Erwägungsgründen der Präambel, dass „eine befriedigende Lösung ... ohne internationale Zusammenarbeit ... nicht erreicht werden könne."[145] Die Flüchtlingskonvention bekennt sich zum Ziel einer zwischenstaatlichen Zusammenarbeit, sagt aber – anders als die jüngeren Abkommen zum Klimaschutz – nicht, mit welchen Maßnahmen einzelne Länder hierzu beitragen sollen.

Bei gemischten Wanderungen kommt eine zweite Leerstelle hinzu. Die Konvention enthält keinerlei Verfahrensvorschriften, obgleich diese zentral sind, wenn man zwischen Personen mit und ohne Schutzbedarf unterscheiden will.[146] Es gibt zum Asylverfahren nur unverbindliches Softlaw in Form eines UNHCR-

---

dürftige Personen zum späteren Resettlement in ein Zentrum im Niger ausfliegt und der später durch eine „Gathering and Departure Facility" (GTF) in Tripolis ergänzt wurde, weil die Ausreise über den Niger sich als zu schwerfällig erwies; vor allem Frankreich ist hier bisher aktiv; vgl. *Adam Nossiter* At French Outpost in African Migrant Hub, The New York Times v. 25.2.2018.

142 Zum EU-finanzierten Programm über Humanitarian Voluntary Return (HVR) siehe Kommission, COM(2017) 471 v. 6.9.2017, insb. S. 12.

143 Hierzu bereits Fn.95.

144 Siehe auch *Erika Feller* The Refugee Convention at 60: Still Fit for Purpose? in: Susan Kneebone/Dallal Stevens/Loretta Baldassar (Hrsg.): Refugee Protection and the Role of Law (Routledge, 2014) S. 56 (64–66).

145 Erwägung 4 der Präambel der GFK.

146 Siehe auch *Fitzpatrick* (Fn.15) S. 213 f.; und *Hathaway* (Fn. 5) S. 165–174.

Handbuchs und auch der EGMR leitet aus den Artikeln 3 und 13 EMRK gewisse Verfahrensvorgaben ab.[147] Damit schweigt das geltende Flüchtlingsvölkerrecht weitgehend zu einem Phänomen, das die Migrationspolitik der westlichen Staaten seit Jahren umtreibt, nämlich der Umgang mit denjenigen Personen, die das Asylrecht als prozeduralen Steigbügel nutzen, um mittels eines erfolglosen Asylantrags faktisch einzuwandern.[148]

Hinzu kommt eine dritte Leerstelle, die nicht direkt die internationale Zusammenarbeit betrifft und außerdem für das innereuropäische Asylrecht weitgehend bedeutungslos ist. Das Refoulementverbot schützt vor Rückführungen, ohne eine dauerhafte Lebensperspektive zu bieten. Das völkerrechtliche Mindestschutzniveau, das die Asylverfahrensrichtlinie für sichere Drittstaaten künftig übernehmen möchte,[149] befriedigt elementare Bedürfnisse, sichert jedoch kein selbstbestimmtes Leben. Im Kern gewährleistet das Völkerrecht eine humanitäre Notversorgung, die auch eine jahrelange Unterbringung in großen Lagern ermöglicht. Es obliegt den Staaten, ob sie Flüchtlinge langfristig in die Heimat zurückschicken, sie vor Ort integrieren oder im Wege des Resettlement in ein anderes Land senden.[150] Europa optiert für die lokale Integration, freilich nur für die im globalen Maßstab wenigen Flüchtlinge, die es nach Europa schaffen.[151] Für alle anderen hält das europäische Asylrecht keine direkte Antwort bereit.

147 Für einen Überblick siehe *Kay Hailbronner/Daniel Thym* Legal Framework for EU Asylum Policy, in: dies. (Hrsg.): EU Immigration and Asylum Law. Commentary, 2. Auflage (C.H. Beck/Hart/Nomos, 2016) Rn. 52–54.

148 Hierzu bereits Fn. 40 und begleitender Text; die Versuche seitens UNHCR, eine Antwort zu entwickeln, kamen über eine Problembeschreibung kaum hinaus; exemplarisch UNHCR, Refugee Protection and Mixed Migration. A 10-Point Plan of Action, 2006.

149 Hierzu bereits Abschn. III.3.a.

150 Der UN-Flüchtlingspakt (Fn. 136) Rn. 85 ff. bekräftigt die Gleichrangigkeit dieser drei dauerhaften Lösungen; siehe auch UNHCR, Framework for Durable Solutions for Refugees and Persons of Concern, May 2003; aus einer nichtjuristischen Perspektive wird dies zunehmend kritisiert; vgl. *Betts/Collier* (Fn. 69) Kap. 6–8; und *Serena Parekh* Refugees and the Ethics of Forced Displacement (Routledge, 2016); sowie *Dana Schmalz* Verantwortungsteilung im Flüchtlingsschutz. Zu den Problemen ‚globaler Lösungen', Z'Flucht 1 (2017) 9–40, die die mögliche Weiterreise in den Westen akzentuiert.

151 Vgl. Art. 20 ff. RL 2011/95/EU (Fn. 17), die RL 2003/109/EG (Fn. 43) idF d. RL 2011/51/EU (ABl. 2011 L 132/1) sowie das Staatsangehörigkeitsrecht.

b) Potenzial von UN-Flüchtlings- und Migrationspakt

Die Leerstelle des Flüchtlingsvölkerrechts beim Verfahren und der internationalen Zusammenarbeit ist ein Grund, warum der unverbindliche UN-Migrationspakt sowie der parallele Flüchtlingspakt so wichtig sein können. Sie bekräftigen das bestehende Softlaw und fördern im Idealfall die Bereitschaft der Staaten, effektiv zusammenzuarbeiten, auch wenn speziell der Flüchtlingspakt nur verschiedene Instrumente nennt, ohne zu sagen, wie mit konkreten Situationen umzugehen sei. So legt der Flüchtlingspakt nicht etwa fest, ob künftig die Versorgung in den Erstaufnahmeländern, das Resettlement oder die Rückkehr vorrangig zu verfolgen sind.[152] Auch dürfte prinzipiell konsensfähig sein, wenn der Flüchtlingspakt ausführt, dass humanitäre Versorgung und wirtschaftliche Entwicklung zusammengehören,[153] allein daraus folgt keine greifbare Leitlinie, wie knappe finanzielle Ressourcen zu verteilen sind.

Für gemischte Wanderungen bietet der parallel verhandelte Migrationspakt ebenfalls verschiedene Lösungen, indem sein Inhalt etwa einerseits die westlichen Länder zu prüfen auffordert, ob sie den Aufenthalt von abgelehnten Asylbewerbern im Einzelfall eventuell legalisieren,[154] und andererseits die Herkunftsstaaten daran erinnert, dass sie ausreisepflichtige Staatsangehörige kraft Völkergewohnheitsrecht zurückzunehmen verpflichtet sind.[155] Wie sich nun jedoch die Legalisierungsoption zur Rücknahmepflicht verhält, sagt der UN-Migrationspakt nicht – und das ist auch der Grund, warum so viele Länder ihm zustimmen konnten. Er ist ein Strauß an bunten Ideen, in dem sich beinahe jedes Land mit seinen Interessen wiederfindet.

Dennoch kann ein solches Vorgehen hilfreich sein. In Ermangelung einer Rechtspflicht zur internationalen Zusammenarbeit hängt die Kooperationsbereitschaft am Staatenwillen.[156] Wenn man diesen aktivieren will, hilft es, ein Problem diskursiv als eine gemeinsame Herausforderung zu rahmen und kon-

---

152 Erneut der UN-Flüchtlingspakt (Fn. 136) Rn. 85 ff.

153 So der UN-Flüchtlingspakt (Fn. 136) Rn. 31 ff.; Vergleichbares war schon früher vereinbart worden, etwa im Rahmen von UNHCR, Agenda for Protection, 3. Aufl. 2003.

154 Bewusst offen formuliert das Ziel Nr. 7 des Global Compact for Safe, Orderly and Regular Migration, UNGV-Res. 73/195 v. 19.12.2018, Rn. 23 Buchst. i (nachfolgend zitiert als „UN-Migrationspakt"); näher *Daniel Thym* Viel Lärm um Nichts? ZAR 2019, Abschn. 6 (i.E.).

155 Ebd. Ziel Nr. 21, Rn. 37.

156 Siehe *James F. Hollifield* Migration and the 'New' International Order: The Missing Regime, in: Bimal Ghosh (Hrsg.): Managing Migration. Time for a New International Regime? (OUP, 2000), S. 75–109; und *Kotzur* (Fn. 70) Abschn. C, D.

krete Handlungsoptionen aufzuzeigen.[157] So können der globale Migrations- und Flüchtlingspakt auch dann einen realistischen zwischenstaatlichen Interessenausgleich aufgrund gemeinsamer Werte fördern, wenn für konkrete Bereiche eine weitergehende Konkretisierung notwendig bleibt.

Es ist alles andere als einfach, in konkreten Situationen einen solchen Interessenausgleich vorzunehmen. Die Migrationspolitik ist insofern ein Paradebeispiel für die Probleme kollektiven Handelns, wenn an sich gute Argumente dafür sprechen, dass die Staaten im wohlverstandenen Eigeninteresse zusammenarbeiten, dieser Schritt speziell beim Flüchtlingsschutz jedoch durch ein mögliches Trittbrettfahren erschwert wird, weil einige Staaten im Sinn des St.-Florians-Prinzips darauf hoffen oder hinarbeiten, dass die Verantwortung von anderen Ländern geschultert werde.[158] Die Erfahrungen der letzten Jahrzehnte zeigen, dass der Flüchtlingsschutz als gemeinsame Verantwortung in Sonntagsreden oft beschworen wurde, sodann konkrete Kooperationsmaßnahmen jedoch vielfach scheiterten.[159] Einen einfachen Ausweg aus diesem Dilemma gibt es nicht, aber es hilft, sich die Kontextfaktoren bewusst zu machen.

c) Für einen konstruktiven Ansatz

Bisher wurde festgehalten, dass eine erfolgreiche Kooperation keineswegs garantiert ist. Zugleich zeigt sich aber, dass ein zwischenstaatlicher Ansatz gelingen kann, wenn eine Interessenkongruenz stattfindet, die die normative Zielsetzung des Flüchtlingsschutzes mitdenkt. Hierfür gibt es durchaus Beispiele aus der jüngeren Vergangenheit: So betonte eine positive Lesart der EU-Türkei-Erklärung, dass die Rückführung von Neuankömmlingen von einem Resettlement sowie ei-

---

157 Näher *Randall Hansen* Making Cooperation Work. Interests, Incentives, and Action, in: ders./Jobst Koehler/Jeannette Money (Hrsg.): Migration, Nation States, and International Cooperation (Routledge, 2011), S. 14–30; *Alexander Betts* Introduction, in: ders. (Hrsg.): Global Migration Governance (OUP, 2011), S. 1–33; und *Nico Krisch* Das Migrationsrecht und die Internationalisierung des Verwaltungsrechts, in: Christoph Möllers/Andreas Voßkuhle/Christian Walter (Hrsg.): Internationales Verwaltungsrecht. Eine Analyse anhand von Referenzgebieten (Mohr Siebeck, 2007) S. 313 (313–315).

158 Zur Einordnung als „collective action problem" nebst die Qualifikation als öffentliches Gut im Sinn der ökonomischen Handlungstheorie siehe *Alexander Betts*, International Cooperation in the Refugee Regime, in: ders./Gil Loescher (Hrsg.): Refugees in International Relations (OUP, 2010) S. 53 (56–64); und *Eiko Thielemann* Why Refugee Burden-Sharing Initiatives Fail, Journal of Common Market Studies 56 (2018) 63 (67–70).

159 Für einen Überblick siehe *Betts* (Fn. 158) S. 64–76; und *Penelope Mathew/Tristan Harley* Refugees, Regionalism and Responsibility (Elgar, 2016).

ner massiven finanziellen Unterstützung begleitet wurde, die die Lebenssituation von Syrern in der Türkei verbessern half.[160] Gleiches gilt für das anhaltende Engagement von UNHCR und IOM in Libyen, das, ungeachtet der rechtlichen, politischen und moralischen Unsicherheiten angesichts der unklaren Situation in Nordafrika, die Lebenssituation vor Ort verbessern will.[161]

Zugleich bekräftigt das libysche Beispiel, dass die Europäer nicht annehmen sollten, ein bestimmtes Verhalten der Herkunfts- und Transitstaaten in neokolonialer Manier gleichsam anordnen zu können. So zeigten sich die westafrikanischen Staaten zur aktiven Unterstützung der freiwilligen Rückführung von nicht schutzbedürftigen Personen aus Libyen nur bereit, weil die fürchterlichen Fernsehbilder über einen modernen Sklavenhandel zu einem Aufschrei der eigenen Bevölkerung geführt hatten.[162] Man wollte die eigenen Bürger rausholen. In anderen Fällen wird Europa die Kooperationsbereitschaft bei der Rücknahme abgelehnter Asylbewerber durch finanzielle Anreize oder legale Zugangsweg für Wirtschaftsmigranten erreichen müssen.[163] Wenn auf diesem Wege die irreguläre Zuwanderung nicht schutzbedürftiger Personen über das Asylsystem eingedämmt würde, könnten die Europäer großzügigere Resettlementquoten nach kanadischem Vorbild einrichten.

Nun kann man derartige Modelle am grünen Tisch leicht entwerfen, sie umzusetzen bleibt eine Herausforderung. Selbst wenn ein zwischenstaatlicher Interessenausgleich gelingt, müssen die rechtlichen Verpflichtungen und humanitären Schutzanliegen in der Praxis beachtet werden. Beides gelingt selten, zumal derartige Schutzprogramme häufig unter prekären Sicherheitsbedingungen und in schwachen Staaten realisiert werden müssen – wie das libysche Beispiel bekräftigt. Dennoch benötigt der öffentliche Diskurs eine Vision, dass gemischte

160 Insg. wurden bis 2019 insg. 6 Mrd. EUR zugesagt; vgl. die Mitteilung der Kommission, Fortschrittsbericht über die Umsetzung der Europäischen Migrationsagenda, COM(2018) 301 v. 16.5. 2018, S. 7 f.; sowie ebd., COM(2017) 470 v. 6.9.2017.

161 Hierzu bereits Fn. 95.

162 Vgl. CNN, People for Sale, November 2017, https://edition.cnn.com/specials/africa/libya-slave-auctions.

163 Näher der SVR Forschungsbereich, Alternativen zum Asylantrag? Legale Migrationswege nach Deutschland für Drittstaatsangehörige ohne Schutzperspektive, 2018; ähnlich bereits in den 1990er Jahren, als speziell die Bundesrepublik die restriktivere Asylpolitik, die damals vor allem Antragsteller aus Ost- und Südosteuropa betraf, durch legale Zugangswege für wirtschaftliche Zwecke ergänzte; vgl. *Virgine Guiraudon* Before the EU Border. Remote Control of the „Huddled Masses", in: Kees Groenendijk/Elspeth Guild/Paul Minderhoud (Hrsg.): In Search of Europe's Borders (Kluwer, 2003), S. 191 (192–196).

Migrationsbewegungen gesteuert werden können.[164] Es ist doch viel besser, wenn eine 20-jährige Nigerianerin zu Hause einen Sprachkurs macht und nach beruflichen Vorbereitungskursen, die auch für andere Inländer offenstehen und somit zur wirtschaftlichen Entwicklung einen breiteren Beitrag leisten,[165] für eine duale Ausbildung mit dem Flugzeug kommt, als wenn ein anderer Nigerianer irregulär über Libyen und Italien nach Deutschland reist – und dann auch mangels Sprach- und Sachkenntnissen zuerst einmal arbeitslos ist.

Die territoriale Radizierung des Flüchtlingsrechts würde durch solche Beispiele eines abgestimmten Vorgehens nicht überwunden, wohl aber durch zwischenstaatliche Kooperationsformen ergänzt, die die Interessen der Herkunfts- und Zielstaaten verbinden. Zugleich würden auf diesem Wege die Wünsche von Einzelpersonen nach einem Grenzübertritt für Zwecke der Erwerbstätigkeit oder des Resettlements befriedigt, auch wenn eine Migrationspolitik selten im Sinn eines „Triple-win" alle zufriedenstellen können wird.[166] Insofern bekräftigen aktuelle Projekte die eingangs ausgeführte Einsicht, dass die globale Flüchtlingspolitik und das geltende Flüchtlingsrecht immer schon staatliche Interessen und humanitäre Schutzanliegen miteinander verbanden.[167] Künftige Kooperationsformen sollten hierauf aufbauen, zumal die derzeitige Alternative darin besteht, dass die westlichen Länder sich abschotten, ohne sich darum zu kümmern, was mit den Migranten und Flüchtlingen jenseits der Außengrenzen passiert.

2 Erfolg und Scheitern des Gemeinsamen Europäischen Asylsystems (GEAS)

Es war und ist das Versprechen der europäischen Verträge, ein „Gemeinsames Europäisches Asylsystem"[168] zu errichten, das „auf die Solidarität der Mitgliedstaaten gründet", den „Grundsatz der Nicht-Zurückweisung gewährleistet" und die illegale Einwanderung „verstärkt" bekämpft.[169] Die EU strebte also einen

164 Auch um zu verhindern, dass einzig negative Abwehrreflexe die Diskussion in den westlichen Ländern dominieren; vgl. *Thym* (Fn. 59) S. 197 f.

165 Vgl. *Michael A. Clemens* Global Skill Partnerships. A Proposal for Technical Training in a Mobile World, IZA Journal of Labor Policy 4 (2015) 1–18.

166 Anderslautende Positionen, etwa der EU im Rahmen des früheren Global Approach for Migration and Mobility (GAMM) gem. KOM(2011) 743 v. 18.11.2011 mögen als diplomatische Sprachwahl die Akzeptanz fördern, verschweigen jedoch die fortdauernde Bedeutung der Migrationskontrolle; insoweit ehrlicher die Kommission (Fn. 99).

167 Vgl. Abschnitte I.1 und III.1.

168 Überblick zu dessen Entwicklung bei *Hailbronner/Thym* (Fn. 147) Rn. 2 f.

169 Zitate nach Art. 67 Abs. 2, Art. 78 Abs. 1, Art. 79 Abs. 1 AEUV.

allseitigen Interessenausgleich an und lange Zeit schien es, dass der Politikmodus der permanenten großen Koalition, der Brüssel prägt, eine erfolgreiche Arbeit leistete. Der EU-Gesetzgeber forcierte eine weite Lesart des Flüchtlingsbegriffs, die im deutschen Recht die frühere Bedeutung der ersten Sollbruchstelle des Flüchtlingsrechts beseitigte.[170] Die Verfahrensrichtlinie ergänzte die prozedurale Leerstelle der GFK durch ausgefeilte Verfahrensvorgaben.[171] Zugleich kooperierte die EU mit den Herkunftsländern, etwa mittels Rücknahmeabkommen[172] und verstärkte im Rahmen von Frontex den Außengrenzschutz.[173]

Das Gesamtfazit sah also positiv aus und jedenfalls ich war optimistisch, dass die EU wieder einmal die Globalisierung meistern helfen würde. Heute muss unser Fazit nüchterner ausfallen. Gewiss besaß das Dublin-System schon immer eine strukturelle Asymmetrie,[174] weil sie die Südstaaten benachteiligte, als in den 2000er Jahren erstmals Personen anfingen, im größeren Umfang über das Mittelmeer überzusetzen. In der Praxis blieb die Dublin-Verordnung freilich zahnlos; sie wurde eigentlich nie effektiv angewandt. Diejenigen, die nach Deutschland oder Schweden weiterreisten, blieben schon früher zumeist dort.[175] Ein Massenphänomen wurde die irreguläre Sekundärmigration freilich erst, als nach der Finanzkrise die zuvor bestehenden Arbeitsmöglichkeiten auf den informellen südeuropäischen Arbeitsmärkten deutlich zurückgingen.[176] Zugleich liberalisierten einige Nordeuropäer, darunter Deutschland, ihr Flüchtlingsrecht zu einer Zeit, als die Erinnerung an die hohen Zugangszahlen der frühen 1990er Jahre verblasst

170 Hierzu bereits Abschn. II.

171 Aktuell gemäß RL 2013/32/EU (Fn. 71).

172 Vgl. *Joachim Stern/Timo Tohidipur* Migration von Drittstaatsangehörigen, in: Andreas von Arnauld (Hrsg.): Enzyklopädie Europarecht. Bd. X (Nomos, 2014) § 14 Rn. 40 ff.

173 Siehe *Carole Billet* EC Readmission Agreements, EJML 12 (2010) 45 (47–58).

174 Die Residualzuständigkeit des Ersteinreisestaats nach Art. 6 f. Dubliner Konvention vom 15. Juni 1990 (ABl. 1997 C 254/1) und Art. 30 Abs. 1 Buchst. e Schengener Durchführungsübereinkommen vom 16. September 1990 (ABl. 2000 L 239/13) betraf Anfang der 1990er Jahre vor allem Deutschland, weil damals die meisten Asylsuchenden über Osteuropa kamen (Österreich und Ungarn waren damals noch keine EU-Mitglieder); näher *Gregor Noll* Negotiating Asylum (Martinus Nijhoff, 2000) S. 285–328.

175 Hierzu der Kommissionsbericht, SEC(2001) 756 v. 13.6.2001; *Kay Hailbronner/Claus Thiery* Schengen II and Dublin, CML Rev. 34 (1997), 957 (979–988); und *Philippe de Bruycker u. a.* Setting up a Common European Asylum System, Study for the European Parliament, Doc. PE 425.622, August 2010, S. 157–162.

176 Instruktiv *Ferruccio Pastore* The Governance of Migrant Labour Supply in Europe. Before and During the Crisis, Comparative Migration Studies 2 (2014) 385–415.

war. Es ist bekannt, dass das europäische Asylsystem im Jahr 2015/16 entlang der Balkanroute faktisch kollabierte.[177]

Seither muss eine Bilanz des europäischen Asylsystems nuancierter ausfallen. Nicht nur Dublin-Rückführungen sowie die Rücknahmeabkommen mit außereuropäischen Drittstaaten funktionieren defizitär. Auch die Aufnahmebedingungen in Griechenland sind schlecht – und zwar unabhängig davon, ob man sie als Menschenrechtsverletzung einstuft oder nicht (der EGMR meint zwischenzeitlich nein[178]). Selbst die ausgefeilten Verfahrensvorschriften erwiesen sich zwischenzeitlich als dysfunktional, wenn sogar die hocheffiziente deutsche Bürokratie während des Massenansturms im Winter 2015/16 überfordert war.[179] Es gab überlange Verfahrensdauern und auch bei der Identitätsfeststellung zeigten sich Mängel.[180] Nach meiner Beobachtung gibt es mindestens vier strukturelle Krisenursachen, die zugleich anzeigen, wo Reformen ansetzen sollten.

a) Verbesserte Umsetzung mithilfe von EU-Agenturen

Viele Länder im Süden und Osten der EU haben keine Erfahrung als Asylzielstaaten. Tragfähige Asylsysteme für höhere Antragszahlen hat es in Griechenland, Bulgarien oder Italien nie gegeben, auch weil es dort größere Asylantragszahlen erst in der jüngeren Vergangenheit gab.[181] In einigen Mitgliedstaaten fehlen die administrative Erfahrung oder der politische Wille, funktionsfähige Asylsysteme

---

177 Zu den vielfältigen Krisenursachen, die hier nur selektiv angedeutet werden können, siehe *Daniel Thym* The 'Refugee Crisis' as a Challenge of Legal Design and Institutional Legitimacy, CML Rev. 53 (2016) 1545 (1546–1549); *Henri Labayle* La crise des politiques européennes d'asile et d'immigration, regard critique, Revue française de droit administratif 2017, 893–905; und *Kay Hailbronner* Zum Asylrecht in der Europäischen Union. Nur ein Managementproblem oder falsche Konzepte? Recht und Politik 52 (2016) 68–79.

178 EGMR, Urt. v. 25.1.2018, Nr. 22696/16, *J.R. et al. gegen Griechenland*, Rn. 136–147 trotz der zahlreichen kritischen NGO-Berichte, die im Urteil umfassend rezipiert wurden; der Gerichtshof sah auch keine Verletzung von Art. 5 Abs. 1 durch die Inhaftierung, über die freilich nach Abs. 2 unzureichend informiert worden war.

179 Exemplarisch der (rechtswidrige) Verzicht auf eine Einzelfallprüfung mittels eines oberflächlichen Fragebogens für bestimmte Herkunftsstaaten; vgl. *Daniel Thym* Schnellere und strengere Asylverfahren, NVwZ 2015, 1625 (1632).

180 Anekdotisch sei auf die 14 Identitäten verwiesen, mit denen deutsche Behörden den Terroristen Amis Amri registrierten, oder der positive Asylentscheid für den Bundeswehrsoldaten Franco A., der sich als Syrer ausgegeben hatte, obwohl er kein Arabisch sprach.

181 Näher *Rosemary Byrne u.a.* New Asylum Countries? (Kluwer, 2002); und *Claudia Finotelli* Southern Europe, in: Ariadna Ripoll Servent/Florian Trauner (Hrsg.): The Routledge Handbook of Justice and Home Affairs Research (Routledge, 2018) S. 240–252.

einzurichten.[182] Besonders gravierend sind trotz einer massiven finanziellen und logistischen Unterstützung durch die Europäische Union die Missstände in den griechischen Hotspots. Eine vermeintliche Überlastung ist hierfür übrigens nicht der Hauptgrund, weil Griechenland gemessen an der Bevölkerungsgröße und der Wirtschaftsleistung nicht deutlich mehr Asylbewerber aufnahm als etwa die Bundesrepublik oder Österreich. Es fehlt der politische Wille.[183]

Es ist daher richtig, dass die EU nicht nur umfangreiche Finanzhilfen zahlt, sondern vor allem auch die Agenturen Frontex und EASO nachhaltig ausbaut und künftig weiter stärken möchte. Es reicht nicht, Richtlinien im Amtsblatt zu veröffentlichen, wenn vor Ort strukturelle Vollzugsdefizite bestehen. Die Agenturen sind ein Mechanismus, dies anzugehen.[184] Verdeutlicht wird das Ausmaß der Innovation durch neue Bezeichnungen für die „Europäische Grenz- und Küstenwache“[185] sowie die künftige „Asylagentur.“[186] Freilich sollte man sich von den neuen Namen nicht blenden lassen, weil diese semantisch eine Zentralisierung suggerieren, die in der Sache nicht erfolgt. Frontex und die Asylagentur behalten ihren föderativen Aufbau, um den innerstaatlichen Verwaltungsvollzug überstaatlich zu koordinieren, zu unterstützen und anzuleiten.[187]

Ein solches inkrementelles Vorgehen, das die nationalen Behörden in ein supranationales Kooperationsnetzwerk einbindet, ist mittelfristig der einzige realistische Weg. Ein hypothetischer Schritt hin zu einer zentralisierten europäischen Asylbehörde und Grenzverwaltung müsste über Jahre hinweg vorbereitet werden und verlangte von den EU-Organen, Tausende an Einzelentscheidungen

---

182 *Anna Triandafyllidou* Greek Migration Policy in the 2010s, Journal of European Integration 36 (2014) S. 409, 419–422 zeigt, dass der Widerstand gegen das asymmetrische Dublin-System in der innergriechischen Asyldebatte ein wichtiger Faktor war.

183 Eventuell besteht eine unausgesprochene Strategie, durch untragbare Zustände zum einen die Nordstaaten daran zu hindern, die Versorgung einseitig auf Griechenland abzuwälzen, und zum anderen potentielle Neuankömmlinge durch schlechte Aufnahmebedingungen vor der Überfahrt über die Ägäis abzuhalten.

184 Die gestärkten Agenturen reagieren darauf, dass die klassischen Instrumente der Supranationalität mit ihrem Fokus auf die Rechtssetzung und den gerichtlichen Rechtsschutz beim Asylwesen und Grenzschutz nur begrenzt greifen; vgl. *Thym* (Fn. 177) S. 154–158.

185 So der offizielle Titel aufgrund der Verordnung (EU) 2016/1624 (ABl. 2016 L 251/1); als Akronym wird weiterhin die Bezeichnung „Frontex“ verwandt.

186 Siehe den Vorschlag der Kommission, COM(2016) 271 v. 4.5.2016, der politisch konsentiert zum Zeitpunkt der Drucklegung aber noch nicht formal angenommen war.

187 Näher *Evangelia (Lilian) Tsourdi* Bottom-up Salvation, European Papers 1 (2016) 997–1031; und *Philippe De Bruycker* The European Border and Coast Guard. A New Model Built on an Old Logic, European Papers 1 (2016) 559 (562 f.).

durch europäische Beamte zu treffen,[188] die vom Gericht erster Instanz oder neu gebildeten Fachgerichten zu überprüfen wären.[189] Es mag sinnvoll sein, ein solches Ziel als Option langfristig offen zu halten,[190] aber eine kurzfristige Kehrtwende hin zum zentralisierten Verwaltungsvollzug könnte die Defizite noch verschärfen,[191] zumal die EU bislang keine Erfahrung mit der Organisation einer dezentralen Massenverwaltung in den Mitgliedstaaten besitzt.

b) Reform des Dublin-Systems

Allgemein ist die Reform des Dublin-Systems das Herzstück aller Reformbemühungen auf europäischer Ebene, weil es die nationalen Asylsysteme miteinander verknüpft. Ohne einen funktionsfähigen und solidarischen Mechanismus zur horizontalen Zusammenarbeit dürfte das GEAS früher oder später kollabieren – und der Schengen-Raum mit ihm, weil die abgeschafften Binnengrenzkontrollen politisch jedenfalls schon immer mit der Asylkoordinierung verbunden waren.[192] Einen entsprechenden Reformvorschlag unterbreitete die Kommission bereits im Frühjahr 2016 und entschied sich hierbei für einen pragmatischen Mittelweg, der auf die Strukturdefizite durchaus reagiert, die Reform jedoch pfadabhängig im bestehenden System realisiert.[193]

Bei der Umverteilung entschied sich die Kommission gegen eine Radikalkur, etwa in Form eines Quotensystems, das politisch nicht durchzusetzen wäre.[194] Für mehr Solidarität soll stattdessen ein Korrekturmechanismus sorgen, der automatisch aktiviert wird, wenn die Asylantragszahlen in einem Mitgliedstaat eine Schwelle von 150 % des EU-Durchschnitts überschreiten, um sodann Flüchtlinge aus überlasteten Ländern auf diejenigen Mitgliedstaaten zu verteilen, wo weniger Flüchtlinge leben.[195] Politisch kommt dies freilich nicht voran, weil einige Mit-

188 So jedoch *Hailbronner* (Fn. 35) S. 6; und *Harald Dörig/Christine Langenfeld* Vollharmonisierung des Flüchtlingsrechts in Europa, NJW 2016, 1–5.

189 Zudem erforderten ein zentralisierter Grenzschutz und ein supranationales Asylamt wohl eine Vertragsänderung; vgl. *Daniel Thym* Legal Framework for Entry and Border Controls, in: Hailbronner/ders. (Fn. 147) Rn. 19–21.

190 So die Kommissionsmitteilung, COM(2016) 197 vom 6.4.2016, S. 9 f.

191 Sinngemäß *Berlit* (Fn. 70) S. 50–53.

192 Siehe das Weißbuch der Kommission, Vollendung des Binnenmarkts, KOM(85)310 v. 14.6. 1985, Rn. 55; und EuGH, *Wijsenbeek*, C-378/97, EU:C:1999:439, Rn. 40; sowie Art. 28–38 des Schengener Übereinkommens (Fn. 174).

193 Vgl. Vorschlag der Kommission, COM(2016) 270 v. 4.5.2016.

194 Die urspr. Mitteilung (Fn. 190) S. 7–9 hatte eine Quote in Betracht gezogen.

195 Siehe Art. 34–44 des Vorschlags (Fn. 193).

gliedstaaten sich strikt gegen jede Form der obligatorischen Flüchtlingsumverteilung wehren, sodass die Dublin-Reform vorerst scheiterte.[196]

Zugleich möchte die Kommission die Verfahren entschlacken, indem etwa der Rechtsschutz gegen Dublin-Überstellungen eingeschränkt und das ineffektive Überstellungsverfahren überarbeitet wird. Für die praktische Funktionsweise überaus wichtig ist, dass die materiellen Zuständigkeitsregeln perpetuiert werden sollen. Eine gescheiterte Überstellung soll – anders als bisher – keine prozedurale Auffangverantwortung des Aufenthaltsstaats mehr begründen, die bislang dazu führt, dass Deutschland alle Verfahren übernehmen muss, wenn die Überstellung scheitert.[197] Künftig sollen zweite Asylanträge in der Europäischen Union abgeschafft werden. Die Kommission erwartet von Flüchtlingen, dass sie in den zuständigen Mitgliedstaat zurückkehren; nur dort bekommen sie ein Asylverfahren.[198] Nach dem derzeitigen Verhandlungsstand soll dies auf eine 5- oder 10-Jahres-Frist abgemildert werden.[199] Man ist in Brüssel also durchaus bemüht, die Defizite des europäischen Asylsystems anzugehen, allein die EU-Organe finden nicht den notwendigen politischen Kompromiss.

c) Verringerung der irregulären Sekundärmigration

Eine zentrale Schwachstelle des europäischen Asylsystems besteht darin, dass es einen „gemeinsame[n] Raum für Schutz und Solidarität"[200] nur auf dem Papier begründet. Die nationalen Asylsysteme unterscheiden sich in vielfacher Hinsicht und die Mitgliedstaaten sind wirtschaftlich ungleich attraktiv.[201] Dies führt dazu, dass die meisten Asylbewerber einen Schutz nicht abstrakt in „Europa" wün-

196 Während der Hauptwiderstand von den Osteuropäern unter ungarischer Führung stammt, sind auch die anderen Länder nicht bereit, einen Blankoscheck zu unterschreiben, sodass jede Umverteilung wohl stufenweise realisiert würde und der Europäische Rat zu befassen wäre, wenn die Gesamtzahl zu hoch ist; hierzu der Kompromissvorschlag für Art. 34 ff. der Dublin IV-Verordnung gem. Rats-Dok. 8895/18 v. 17.5.2018, der zum Zeitpunkt der Drucklegung noch nicht final verhandelt war.

197 Hierzu bereits Fn. 27.

198 Siehe insbes. Art. 19, 30 Abs. 1 des Vorschlags (Fn. 193).

199 Vgl. Art. 9a des Entwurfs der Ratspräsidentschaft (Fn. 196) schlug acht Jahre vor, nachdem zuvor verschiedene Länder teils mehr oder weniger gefordert hatten.

200 Das Stockholm-Programm (ABl. 2010 L115/1), S. 113.

201 Wirtschaftliche Erfolgsaussichten ebenso wie transnationale Netzwerke beeinflussen die häufig spontane Wahl des Asylziellandes durch Asylbewerber; näher *Eric Neumayer* Asylum Destination Choice, European Union Politics 5 (2004), 155–180; und *Joris Schapendonk* Turbulent Trajectories, Societies 2 (2012) 27–41.

schen, sondern ein bestimmtes Ziel vor Augen haben: Viele wollen nach Deutschland. Das Phänomen der illegalen Sekundärmigration, wenn Asylbewerber in einen anderen Mitgliedstaat weiterwandern, ist bekannt.[202]

Dem Ziel, der irregulären Sekundärmigration zu begegnen, nähert sich die Dublin-Reform mit einem reduzierten Rechtsschutz und abgeschafften zweiten Asylanträgen. Zugleich anerkennt die Kommission, dass das Asylrecht wegen der begrenzten Steuerungsfähigkeit neben dem staatlichen Vollzug auf Anreize zur freiwilligen Rechtsbeachtung setzen sollte.[203] Allerdings plädiert ihr Vorschlag – entgegen der Forderung von Unterstützungsgruppen – nicht für positive, sondern für negative Anreize in Form von Sanktionen. So sollen im Fall einer Sekundärmigration nicht nur zweite Asylverfahren ausgeschlossen sein, sondern zugleich das Sozialleistungsniveau drastisch reduziert werden und im zuständigen Staat ein beschleunigtes Asylverfahren stattfinden.[204] Hierdurch dürfte das Phänomen der irregulären Sekundärmigration reduziert, nicht jedoch beseitigt werden können, solange die sozioökonomischen Aufnahme- und Lebensbedingungen in den Mitgliedstaaten sich unterscheiden.

Auch Deutschland könnte die Sozialleistungen deutlich kürzen, weil die illegale Sekundärmigration nicht in vollen Hartz IV-Sätzen münden muss. Im europäischen Freiheitsraum kann man von Asylbewerbern verlangen, dass sie in das Land zurückkehren, das für Sozialleistungen zuständig ist, solange diese Mindeststandards genügen. Für die Unionsbürgerfreizügigkeit stellten EuGH-Urteile dies ausdrücklich fest und der deutsche Gesetzgeber erweitert dies mit dem „Geordnete-Rückkehr-Gesetz" auf Personen, die anderweitig bereits eine Anerkennung erhielten und daher nicht der Dublin-III-Verordnung unterfallen.[205] Et-

202 Künftig soll dies ausdrücklich verboten werden, doch auch bisher dürfen Binnengrenzen nur dann überschritten werden, wenn die Voraussetzungen der Art. 19–24 des Schengener Übereinkommens (Fn. 174) idF d. VO (EU) No. 265/2010 (ABl. 2010 L 85/1) vorliegen, wobei Asylbewerber nach Art. 8 Abs. 1 RL 2013/32/EU (Fn. 71) und Art. 7 der Aufnahme-Richtlinie 2013/33/EU (ABl. 2013 L 180/96) gerade keine Aufenthaltserlaubnis besitzen, die ein Reiserecht beinhaltete; bekräftigend nunmehr Art. 7 Abs. 1 sowie Art. 5, 9 des Vorschlags für eine Verfahrens-Verordnung, COM(2016) 467 v. 13.7.2016.

203 So *Maarten den Heijer/Jorrit Rijpma/Thomas Spijkerboer* Coercion, Prohibition, and Great Expectations, CML Rev. 53 (2016) 607 (608–614); und *Bruno Nascimbene* Refugees, the European Union and the ‚Dublin System', European Papers 1 (2016) S. 101 (110 f.).

204 Siehe Art. 5 Abs. 1, 3 Buchst. d des Vorschlags (Fn. 193), wobei Art. 17a des Vorschlags für eine Aufnahme-Richtlinie nach dem Verhandlungsstand gemäß Rats-Dok. 15204/17 v. 30.11.2017 einen abstrakten Mindeststandard vorgibt.

205 So für Unionsbürger EuGH, *Dano*, C-333/13, EU:C:2014:2358; etwas anderes folgt nicht etwa aus EuGH, *Cimade & GISTI*, C-179/11, EU:C:2012:594, Rn. 51 ff., weil das Urteil das geltende Sekundärrecht betraf, das geändert werden kann; zur jüngsten deutschen Reform siehe § 1 Abs. 4 AsylbLG i. d. F. des Zweiten Gesetz zur besseren Durchsetzung der Ausreisepflicht (Geordnete-

was anderes muss auch nicht aus dem BVerfG-Urteil zum Asylbewerberleistungsgesetz folgen, weil dieses sich nicht mit den Besonderheiten des Schengen-Raums befasste. Es gibt gute Argumente, warum für Personen mit einer geringen Bindung an die deutsche Gesellschaft allgemein niedrigere Sätze zulässig sind und man speziell in der Europäischen Union nur eine Reisebeihilfe zur Rückkehr in den zuständigen Staat zahlen muss.[206] Die innereuropäische Reisefreiheit ist keine Einbahnstraße in das gewünschte Zielland.[207]

Zu einer ehrlichen Analyse gehört freilich, dass auch eine geänderte Dublin IV-Verordnung in der Praxis nie perfekt funktionierte. Defizite wird es immer geben, beim reaktiven Überstellungsverfahren ebenso wie für quotenbasierte Verteilungsmechanismen.[208] Die EU-Organe könnten daher ergänzend auf positive Anreize setzen, die die freiwillige Rechtsbeachtung erhöhen. Eben dies erwägt das Europäische Parlament, das bei der Bestimmung des zuständigen Landes gewisse Präferenzen der Antragsteller berücksichtigen möchte (ohne eine freie Ziellandwahl einzuführen).[209] Auch könnte man anerkannten Flüchtlingen eine kontrollierte Weiterwanderung ermöglichen, die kein Free Choice mit sofortigem Sozialleistungszugang darstellen müsste, sondern an einen Arbeitsplatz mit Lebensunterhaltssicherung gebunden werden könnte.[210] So könnte man die praktische Wirksamkeit des Gesamtsystems stärken, indem man neben sanktionierende und positive Anreizstrukturen miteinander verbindet.

Rückkehr-Gesetz), das der Bundestag aufgrund des Entwurfs gemäß BT-Drs. 19/10047 v. 10. 5. 2019 im Sommer 2019 annahm.

206 Ganz in diesem Sinn entschied der Bundesgesetzgeber Ende 2016, Unionsbürger für fünf Jahre vom SGB II/XII-Zugang auszuschließen, wenn sie über kein Freizügigkeitsrecht verfügen; vgl. G. v. 21.12.2016 (BGBl. 2016 I 3155).

207 Näher *Thym* (Fn. 126) S. 186 – 195.

208 Hierzu *Francesco Maiani* The Reform of the Dublin System and the Dystopia of 'Sharing People', Maastricht Journal of European and Comparative Law 24 (2017), 622 (640 – 644).

209 Vgl. den Bericht (Rapporteur: Cecilia Wikström) A8 – 0345/2017 v. 6.11.2017.

210 Zu diesbezüglichen Optionen der Sachverständigenrat für Integration und Migration (SVR), Chancen in der Krise, Jahresgutachten 2017, S. 41 – 45.

V Ausblick: institutionelle Legitimität

Es liegt im Wesen von Sollbruchstellen, strukturelle Schwachpunkte zu bezeichnen, die einem Gegenstand konstruktiv eingelassen sind. Das Flüchtlingsrecht kennt keinen problemfreien Urzustand, sondern bleibt in seiner Entwicklung prekär, weil sich Problemlagen, die immer schon existierten, kontextabhängig fortentwickeln. Hierbei entsteht für die drei Sollbruchstellen des Flüchtlingsrechts ein asymmetrisches Gesamtbild. Während der frühere Konflikt über die Reichweite der Flüchtlingsdefinition in der europäischen Gegenwart seine Bedeutung verloren hat, erstarkten die Drittstaatskooperation sowie die Vorgaben über die Reiseroute zu den aktuellen Streitpunkten – und aktualisieren damit strukturelle Unklarheiten, die dem Flüchtlingsrecht von Anfang an eingeschrieben waren.

Ein Gesamtfazit muss daher lauten, dass ein problemlösungsorientierter Ansatz die aufgezeigten Problemlagen nicht als vorübergehende Pathologie abtut, die von einem scheinbar perfekten Design abweichen. Stattdessen muss man mit den Strukturdefiziten pragmatisch umzugehen lernen. Der ethische Anspruch des Flüchtlingsschutzes und das staatliche Steuerungsinteresse sind miteinander zu verbinden, anstatt gegeneinander auszuspielen – ganz konkret etwa bei der Ausgestaltung sicherer Drittstaatsklauseln. Ebenso zeigt das fehlende Menschenrecht auf ein humanitäres Visum, dass der Flüchtlingsschutz nicht einseitig auf individuelle Rechte setzen, sondern zwischenstaatlich kooperativ realisiert werden sollte. Es geht darum, das Flüchtlingsrecht dauerhaft als politische Gestaltungsaufgabe anzunehmen, die rechtliche Vorgaben beachtet und auf dieser Grundlage sachdienliche Lösungen entlang der Sollbruchstellen anstrebt, die die widerstreitenden Werte und Interessen verbinden.

Nun wird niemand behaupten, dass eine solche Lösungssuche leicht sei oder immer gut funktionierte. Anschaulich zeigen dies die aktuellen Debatten über die Situation im zentralen Mittelmeer und in Nordafrika. Eine Erklärung hierfür ist nicht nur, dass ein Interessenausgleich in Situationen gemischter Wanderungen schon immer schwer zu realisieren war. Zugleich verschieben sich in Europa aktuell einige Parameter, weil Akteure, die in den letzten dreißig Jahren die Rechtsentwicklung maßgeblich mittrugen, an Einfluss einzubüßen scheinen. Eine Reform des europäischen Asylsystems kommt nicht voran und auch die Gerichte scheinen vorsichtiger zu agieren. Beides dürfte kein Zufall sein. Aus einer verfassungstheoretischen Perspektive war es nie selbstverständlich, dass überstaatliche Einrichtungen und unabhängige Gerichte einen prägenden Einfluss entfalten. Eine dynamische Gesetzgebung und progressive Grundrechtsauslegung beruhen auf Voraussetzungen, die derzeit erodieren.

https://doi.org/10.1515/9783110630206-006

Besonders deutlich wird dies am Beispiel der Europäischen Union, die als supranationaler Verband – ganz ähnlich wie jede Form der Rechtsprechung – nur indirekt an den demokratischen Diskurs rückgebunden ist. Sie verbindet eine quasi-föderale Rechtsintegration mit einer konsensbasierten Entscheidungsfindung.[211] Eine Grundannahme der Europaforschung besagt, dass die EU über lange Jahre durchaus erfolgreich auf einen „permissiven Konsens" aufbaute. Die Bürger stimmten der EU grundsätzlich zu, ohne sich näher für diese zu interessieren. Man gewann oder verlor keine Wahlen mit Europa.[212] Die Organstruktur spiegelt bis heute den permissiven Konsens. Seine Stärke ist der zwischenstaatliche Interessenausgleich im Modus der permanenten Großen Koalition. Politische Debatten werden – ganz ähnlich wie Gerichtsverfahren – mit technokratischen Argumenten geführt und man umgeht öffentlichkeitswirksame Kontroversen.[213]

Damit sind wir bei einem Grunddilemma der Gegenwart: Die Flüchtlingskrise bewirkt, dass der „permissive Konsens" nicht mehr trägt.[214] Migration erstarkte zu einem salienten Thema, das öffentliche Debatten prägt. Bürger sorgen sich um die Folgen für den Arbeitsmarkt, den Sozialstaat und den gesellschaftlichen Zusammenhalt.[215] Außerdem dient Migration immer auch als Projektionsfläche für eine allgemeine Unzufriedenheit mit der Globalisierung.[216] In einer solchen Situation reichen eine technokratische Sprache und ein zwischenstaatlicher Interessenausgleich nicht mehr aus. Stattdessen braucht es politische Führungsstärke und eine öffentliche Debattenkultur – zwei Eigenschaften, die die europäischen

---

211 Klassisch zum dualen Charakter der Supranationalität *Joseph H.H. Weiler* The Transformation of Europe, Yale Law Journal 100 (1990/91) 2403 (2410 – 2431); formale Mehrheitsbeschlüsse ändern nichts an der inhaltlichen Konsensorientierung, deren Mehrwert deutlich wurde, als die Mehrheitsbeschlüsse zur Flüchtlingsrelokation im September 2015 von Ungarn und einigen anderen Ländern schlicht missachtet wurden.

212 Grundlegend *Stuart Scheingold/Leon N. Lindberg* Europe's Would-Be Polity. Patterns of Change in the European Community (Prentice-Hall, 1970).

213 Näher *Marco Dani* Rehabilitating Social Conflicts in European Public Law, European Law Journal 18 (2012) 621 (628 – 632); und *Mark Dawson/Floris de Witte* Constitutional Balance in the European Union after the Euro Crisis, Modern Law Review 76 (2013) 817 (828 – 835).

214 Allgemein *Liesbet Hooghe/Gary Marks* A Postfunctionalist Theory of European Integration, British Journal of Political Science 39 (2009) 1 – 23.

215 Siehe *Philipp Genschel/Markus Jachtenfuchs* From Market Integration to Core State Powers, Journal of Common Market Studies 56 (2018) 178 (179 – 182); und *Frank Schorkopf* Die Dublin III-Verordnung als Sinnbild dysfunktionaler EU-Gesetzgebung, Zeitschrift für Gesetzgebung 2019, 1 (23 – 25).

216 Das Element der Projektion beseitigt nicht die politischen Folgen; siehe *Stephen Castles u. a.* The Age of Migration, 5. Aufl. (Palgrave, 2013) S. 307 – 312; und Mercator Forum Migration und Demokratie (MIDEM), Migration und Populismus, Jahresbericht 2018.

Institutionen ebenso wenig auszeichnen wie gerichtliche Verfahren und deren Fehlen zuletzt auch den UN-Migrationspakt unterminierten.

Speziell für die europäische Asylpolitik sind die Folgen durchaus dramatisch. Zu Beginn der Flüchtlingskrise konnte man noch optimistisch sein, dass die Europäische Union früher oder später zu einem ruhigen Modus der Beschlussfassung zurückkehren könnte, soweit der Kontrollverlust entlang der Balkanroute überwunden würde. Der „permissive Konsens" kehrte zurück und erlaubte den europäischen Organen eine schrittweise Reform, die die verschiedenen Interessen und Werte ausgleicht.[217]

Allerdings scheint dies nicht einzutreten. Die Zugangszahlen gehen zurück, aber dennoch kommen die Reformen nicht voran. Das europäische Asylsystem droht in einen Strudel aus Output-Defiziten und politischer Kontestation zu geraten, die sich wechselseitig verstärken, weil unterlassene Reformen die Steuerungsdefizite perpetuieren, die ihrerseits die Legitimationsbasis weiter schwächen, die für wirksame Reformen notwendig wäre. Für die EU wäre ein solcher Teufelskreis toxisch.[218] Ein Grund hierfür ist der Aufstieg populistischer Parteien, die die europäische Integration und das Migrationsgeschehen nutzen, um unter Verweis auf vermeintliche Steuerungsdefizite die politische Mobilisierung zu fördern.[219] Es ist dies ein Grund, warum Brüssel derzeit die politische Energie auf den Außengrenzschutz konzentriert. Es fällt leichter, über eine solidarische innereuropäische Verteilung der Flüchtlinge zu verhandeln, wenn deutlich weniger Asylbewerber nach Europa kommen.

Die politische Brisanz beeinflusst nicht nur die politische Kompromisssuche. Vielmehr kann die erhöhte Salienz sich auch auf die Rechtsentwicklung auswirken. Gerichte sind (ebenso wie die Wissenschaft) in einem expertisebasierten Regierungssystem stark, das die EU lange Jahre darstellte, besitzen in hochpolitischen Angelegenheiten jedoch geringeren Einfluss. Es ist dies ein weiterer Grund, warum nicht zu erwarten steht, dass EGMR und EuGH sich in den Folgejahren als institutionelle Vorhut gerieren, die das Flüchtlingsrecht dynamisch

---

217 Hierzu *Thym* (Fn. 177) S. 1566 f.; mit *Stephen Castles* The Factors that Make and Unmake Migration Policies, International Migration Review 38 (2004) 852 (856 f.) zeigen vergleichende Studien, dass reale oder imaginierte Steuerungsdefizite den Verlauf migrationspolitischer Debatten maßgeblich beeinflussen.

218 Näher *Thym* (Fn. 177) S. 1571 f. unter Rückgriff auf *Jürgen Habermas* Legitimationsprobleme im Spätkapitalismus (Suhrkamp, 1973), Teil II; und *Franz W. Scharpf* Regieren in Europa: effektiv und demokratisch? (Campus, 1999).

219 Hierzu *Thym* (Fn. 177) S. 1569 f.; siehe auch *Marc Morjé Howard* The Politics of Citizenship in Europe (CUP, 2009) Kap. 3; und *Ruud Koopmans/Paul Statham* An Opportunity Structure Approach, in: dies. (Hrsg.): Challenging Migration and Ethnic Relations Politics. Comparative European Perspectives (OUP, 2000) S. 13 (29–39).

fortentwickeln. Nationale und überstaatliche Gerichte bleiben auch künftig wichtige Akteure, um den Status quo durchzusetzen und damit zugleich einer Negativspirale immer tieferer Schutzstandards vorzubeugen. Es überforderte jedoch ihre Legitimität, eine revolutionäre Trendwende einzuläuten, indem sie etwa ein Menschenrecht auf ein humanitäres Visum etablierten.

Es ist auch dies ein allgemeines Fazit. Die Sollbruchstellen des Flüchtlingsrechts verweisen in materieller und institutioneller auf die prekäre Grundlagen eines Rechtsgebiets, das eine Balance immer nur punktuell finden kann, weil von Anfang an strukturelle Defizite bestanden, die nie abschließend geschlossen werden können, sondern kontextabhängig immer wieder von Neuem aufbrechen. Ein kooperatives Schutzregime, das auch auf gemischte Wanderungen reagiert, bedarf der institutionellen und politischen Einbettung, die die widerstreitenden Interessen zusammenführt. Rechtliche Verpflichtungen, die von Gerichten durchgesetzt werden, unterwerfen die staatliche Handlungsfreiheit bedeutsamen Grenzen, können die politische Gestaltung jedoch nicht ersetzen. Nur in der Kombination von Schutz und Kontrolle werden wir verhindern können, dass die Flüchtlingspolitik sich radikalisiert.

Schriftenreihe der Juristischen Gesellschaft zu Berlin

Mitglieder der Gesellschaft erhalten eine Ermäßigung von 40%

Heft 188 **Heinrich Heine – Ein deutscher Europäer im französischen Exil.** Von Prof. Dr. URSULA STEIN. 38 Seiten. 2010. € 39.95

Heft 189 **Das neue deutsche Staatsschuldenrecht in der Bewährungsprobe.** Von Prof. Dr. MARKUS HEINTZEN. 40 Seiten. 2012. € 29.95

Heft 190 **Grundrechtsschutz zwischen Karlsruhe und Straßburg.** Von Prof. Dr. ANDREAS ZIMMERMANN. 40 Seiten. 2012. € 34.95

Heft 191 **150 Jahre deutsche Verwaltungsgerichtsbarkeit.** Von Prof. Dr. h. c. ECKART HIEN. 30 Seiten. 2014. € 24.95

Heft 192 **Das Europäische Insiderhandelsverbot.** Von Prof. Dr. GREGOR BACHMANN. 64 Seiten. 2015. € 29.95

Heft 193 **Brauchen wir ein drittes Geschlecht?** Von Prof. Dr. TOBIAS HELMS. 36 Seiten. 2015. € 19.95

Heft 194 **Der Prozess Jesu – Ausrömisch-rechtlicher Perspektive.** Von Prof. Dr. CHRISTOPH G. PAULUS. 36 Seiten. 2016. € 29.95

Heft 195 **Abstammung und Verantwortung.** Von Prof. Dr. NINA DETHLOFF. 21 Seiten. 2017. € 29,95

Heft 196 **Der digitale Pranger.** Von Dr. ULRICH FRANZ. 33 Seiten. 2018. € 29,95

https://doi.org/10.1515/9783110630206-007